PORTRAITS

HISTORIQUES ET LITTÉRAIRES

PORTRAITS

HISTORIQUES ET LITTÉRAIRES

PAR

PROSPER MÉRIMÉE

DE L'ACADÉMIE FRANÇAISE

PARIS

MICHEL LÉVY FRÈRES, ÉDITEURS

RUE AUBER, 3, PLACE DE L'OPÉRA

LIBRAIRIE NOUVELLE

BOULEVARD DES ITALIENS, 15, AU COIN DE LA RUE DE GRAMMONT

1874

Droits de reproduction et de traduction réservés

PORTRAITS

HISTORIQUES ET LITTÉRAIRES

I

CERVANTES

Il y avait longtemps que Cervantes était mort pauvre et délaissé, quand ses compatriotes, s'étant aperçus un peu tard qu'ils venaient de perdre un homme de génie, recherchèrent avec soin le peu de détails qui restaient sur sa trop courte carrière. Quatre villes, Madrid, Lucena, Séville, Esquivias, se disputèrent l'honneur de l'avoir vu naître ; et cette question, qui produisit des volumes, resterait encore indécise, sans un registre baptistaire trouvé par hasard, et depuis inutilement contesté par quelques érudits.

Miguel de Cervantes Saavedra, suivant l'opinion généralement reçue aujourd'hui, naquit à Alcala de Henares, ville de la Nouvelle-Castille, le 8 octobre 1547. Ses parents, Rodrigo Cervantes et dona Léonor de Cortinas, étaient pauvres et précisément assez nobles pour que leur fils pût écrire après son nom, *Hidalgo*, titre d'ailleurs sans conséquence en Espagne. De bonne heure, ils le destinèrent à l'Église ou au barreau, car ils le firent étudier dans un collége, genre d'éducation que l'on regardait alors comme superflu pour toute autre profession. Il fit ses humanités à Madrid, et dès lors se développa son goût, ou plutôt sa passion pour la poésie. Au collége, il avait de la réputation comme poëte : des vers détestables, de sa façon, composés sur la mort d'Isabelle de Valois, furent imprimés dans la relation des obsèques de cette princesse, que publia son régent, maître Juan Lopez. Mais l'accueil que reçurent ses premiers essais ne dut pas l'encourager à continuer. Un poëme pastoral, intitulé *Filena*, qu'il fit à vingt ans, et que l'on a perdu, n'eut aucun succès, de même que de nombreux recueils de sonnets et de romances. Il avait

une facilité extraordinaire, même dans son pays,
où les tragiques comptent leurs ouvrages par centaines; mais les lois de la versification et le mauvais
goût qu'il avait puisés dans les écoles entravaient
encore son génie.

Dégoûté d'écrire et sans moyens de poursuivre
ses études, il passa en Italie en 1569, recommandé
au cardinal Jules Aquaviva, qui lui donna une
place de page, ou plutôt de valet de chambre avec
l'espérance de lui faire avoir un jour un petit bénéfice. Je ne sais quel abbé on aurait pu faire de
Cervantes, mais cette perspective ne pouvait pas
plaire longtemps à son caractère aventureux. Apprenant que le pape levait des troupes contre
les Turcs, il quitta le service du cardinal, s'engagea
comme soldat et fit, sous les ordres de Marc-Antoine
Colonna, la malheureuse campagne de Chypre.
L'année suivante, il fut embarqué sur la flotte des
croisés, commandée par don Juan d'Autriche, et
assista à la glorieuse et inutile bataille de Lépante. Blessé dès le commencement du combat, il
n'abandonna son poste qu'après la fuite des infidèles. Un coup d'arquebuse et surtout de mauvais
chirurgiens lui firent perdre l'usage de la main
gauche. Si la balle l'eût frappé à la main droite,

nous n'aurions peut-être pas eu de *Don Quichotte*. Bien qu'estropié il resta au service, mais il ne paraît pas qu'il reçut aucune récompense de sa bravoure.

En 1575, Cervantes retournait de Naples en Espagne, lorsque la galère qu'il montait fut prise presque en vue de Majorque, et conduite à Alger, par un corsaire nommé Arnaute Mami. Cet homme fameux à cette époque par son audace et plus encore par sa cruauté, fit subir les plus mauvais traitements à son nouvel esclave, dont il n'avait pas de rançon à attendre, et que son infirmité lui rendait moins utile que les autres.

Du moment qu'il fut tombé entre les mains du pirate, Cervantes avait tendu son génie vers un but unique, les moyens de recouvrer sa liberté. Comme il avait bientôt acquis sur ses compagnons d'infortune cet ascendant que donne un esprit supérieur, il était l'âme et le chef de tous les complots d'évasion.

Après quelques tentatives infructueuses, qui n'avaient servi qu'à redoubler la vigilance de ses gardiens, Cervantes s'arrêta au projet suivant.

Un esclave d'Arnaute Mami avait découvert, dans un jardin sur le bord de la mer, une citerne

abandonnée, inconnue aux Mores, et assez grande
pour cacher plusieurs personnes. Si Cervantes et
ses compagnons parvenaient à s'y réfugier sans
être vus, ils pouvaient être en sûreté, pourvu que
la faim ne les forçât pas de sortir. Le plus difficile
c'était de se procurer un vaisseau ou même une
barque pour passer en Espagne; mais pour cela,
Cervantes comptait sur ceux de ses camarades qui
espéraient être rachetés promptement. Chacun
s'était engagé par serment à fréter un navire aussitôt après son retour dans sa patrie, et à revenir
chercher ses compagnons réfugiés dans la citerne.

Le premier qui fut racheté était un Majorquin
nommé Viana. Il avait été marin, et connaissait
bien la côte; ses camarades savaient qu'il ne manquait pas de résolution. On convint d'un signal,
les serments furent renouvelés, et Viana partit.

Outre la difficulté d'échapper au vigilant Mami,
il fallait assez bien calculer le moment de l'évasion pour le faire coïncider avec le retour présumé
de Viana. Il y avait à craindre que celui-ci ne se
fît attendre longtemps, et qu'il n'arrivât qu'après
que leurs petites provisions seraient épuisées;
enfin, sur terre ou sur mer, ils pouvaient être repris par leur maître, et un sort affreux les atten-

dait ; ils avaient vu couper les oreilles et trancher la tête à des esclaves pour des fautes légères. Cependant l'horreur de la cruelle servitude qu'ils enduraient leur faisant mépriser tous ces dangers, les Espagnols trompèrent leurs surveillants, et se tapirent heureusement au fond de la citerne. Ils avaient emporté un peu de farine de millet, qu'ils avaient amassée d'avance en la ménageant sur leurs rations de plusieurs jours. L'esclave jardinier qui avait découvert la citerne, et qui travaillait dans le voisinage, resta pour servir d'espion, et un autre, surnommé *el Dorador*, se chargea d'augmenter leurs provisions avec ce qu'il pourrait dérober.

Plus d'une semaine se passa de la sorte ; Cervantes, déclaré chef de la troupe et gardien des vivres, distribuait les rations, et se réservait toujours la plus faible.

Un jour ils virent paraître un petit bateau monté en apparence par des pêcheurs du pays. Il passa et repassa plusieurs fois devant le jardin, enfin il fit un signal, et les malheureux captifs ne doutèrent plus que Viana ne fût venu pour les délivrer. La côte était déserte et le vent favorable.

Mais leur pourvoyeur était absent, et ne devait revenir que dans quelques heures. Le plus grand nombre voulait partir sans l'attendre; mais Cervantes leur reprocha vivement cette ingratitude envers un homme qui, tous les jours, exposait sa vie pour eux; bref, il fit tant par ses prières, qu'il les décida à ne pas s'embarquer sans lui.

Ce débat avait duré quelque temps, et le Majorquin, ne recevant pas de réponse à son signal, hésitait à débarquer. Cependant il s'était rapproché de plus en plus du rivage, et il allait prendre terre, lorsque plusieurs Mores parurent à quelque distance du jardin. Surpris de voir un bateau pêcher dans ce lieu, qui d'ordinaire n'était pas fréquenté, ils s'approchèrent pour le reconnaître. A leur vue, Viana effrayé, et se croyant poursuivi, gagna le large pour ne plus reparaître.

Quand son petit bateau disparut derrière l'horizon, on peut imaginer le désespoir de ces malheureux, qui avaient cru leur délivrance si prochaine. Tous accusaient Cervantes de leur avoir fait perdre une occasion qui ne se représenterait plus, de les avoir livrés, sans ressources, à la vengeance d'un maître impitoyable. Cependant, comme il est facile de faire renaître l'espérance des infortunés, Cervantes parvint à ranimer leur courage en leur persuadant que Viana avait gagné le large pour échapper aux regards des Mores, mais qu'il reviendrait à la nuit, ce qui rendrait leur évasion plus sûre. La nuit vint, mais la mer était orageuse, leurs provisions étaient épuisées ; depuis deux jours ils n'avaient mangé que des sauterelles et quelques racines. Tous, excepté Cervantes, regrettaient la chaîne d'Arnaute Mami.

Le lendemain matin, el Dorador reparaît, mais accompagné de Mami et de soldats armés ; il les guide à la citerne, et livre ses compagnons au corsaire furieux. La veille, désespérant de revoir jamais sa patrie, il avait pris le turban, et pour donner une preuve de sa ferveur, il avait dénoncé les chrétiens ses camarades. Toute résistance était inutile : Cervantes n'hésita point à se sacrifier pour ses compagnons ; il se nomma le chef de l'entreprise, déclara qu'il avait entraîné les autres à le suivre, et supplia Mami de ne faire tomber sa colère que sur lui seul. Il lui fit même un raisonnement digne du pirate auquel il s'adressait : c'est qu'il valait mieux, pour ses intérêts, que son esclave manchot pérît dans les supplices, que d'autres plus propres au travail.

Jusqu'alors Mami avait tout vu trembler devant lui. Il avait du courage, et aimait à en trouver dans les autres. Ce soldat, se dévouant généreusement à la mort pour sauver ses camarades, excita son admiration. Il renvoya les bourreaux, tendit la main à Cervantes, et lui dit que s'il voulait changer de religion, il le ferait monter sur un de ses vaisseaux, persuadé qu'il saurait faire un bon usage de la main qui lui restait. Cette offre fut rejetée sans qu'il parût s'en offenser, car il dit, en regardant le nouveau renégat, un proverbe commun chez les Mores : « D'un mauvais chrétien, on ne fait jamais un bon musulman. » Depuis ce jour, il traita Cervantes avec quelque considération. Le travail qu'il lui imposa n'était point au-dessus de ses forces ; il écouta ses plaintes contre les surveillants subalternes, et souvent il lui rendit justice.

Le mauvais succès de cette première tentative ne fit point abandonner à Cervantes son projet favori ; et comme si son courage s'était accru avec son infortune, il ne borna plus ses espérances à faire évader quelques esclaves, il conçut le plan d'une vaste conspiration, qui s'étendit dans tous les bagnes d'Alger. Elle ne tendait à rien moins qu'à profiter d'un jour de réjouissance qui suit le Ramadan pour soulever les captifs, s'emparer des galères, de l'arsenal et de la ville. On a peu de détails sur ce complot, qui révèle l'audace de son auteur, seulement on sait qu'il manqua par la trahison de l'un des conjurés.

Azan aga, que les auteurs espagnols appellent roi d'Alger, fut effrayé en apprenant le danger qu'il venait de courir. Les bourreaux redoublèrent d'activité ; chaque maître s'empressa de se débarrasser de ses esclaves les plus dangereux. Arnaute Mami, lui seul, n'infligea pas le plus léger châtiment à celui qui, de l'aveu de tous les conjurés, et par sa propre confession, avait tout dirigé. Il semblait avoir conçu un attachement singulier pour cet homme qu'il regardait cependant comme très-redoutable. C'est ainsi qu'on aime un cheval rétif quand on se sent la force de le réduire. Azan ayant demandé Cervantes, Mami, à l'étonnement de tout Alger, sollicita sa grâce et l'obtint : ensuite il le présenta à Azan, et consentit à le lui céder. Quand le prince barbare vit cet homme faible de corps et estropié, il ne put s'empêcher d'admirer qu'un projet si hardi vînt d'un être si chétif en apparence. Cependant il le traita avec humanité, tout en redoublant de vigilance, au point qu'il l'empêchait de communiquer avec les autres esclaves. Il disait alors : « que tant qu'il tiendrait en son pouvoir le manchot espagnol, sa vie, ses États et ses galères n'auraient rien à redouter. »

La famille de Cervantes n'avait appris sa mésaventure que fort tard, et son extrême pauvreté l'avait empêchée quelque temps de réunir la somme nécessaire pour la rançon de son parent. Quand cette rançon fut arrivée à Alger, Azan aga demanda le double, et comme il allait partir pour Constantinople, ses esclaves étaient déjà embarqués. Heureusement, les religieux de la Trinité complétèrent la somme de quinze cents écus, demandée par le More. C'était beaucoup pour le temps, surtout pour le rachat d'un simple soldat comme Cervantes. Son esclavage avait duré cinq ans, et quand il revint en Espagne, il était dans sa trente-quatrième année. De ce moment, sa vie est tout entière dans ses ouvrages.

Après avoir essayé de différentes professions, et se sentant de nouveau tourmenté par son ancienne passion pour la littérature, il se remit à écrire. On a lieu d'être étonné que Cervantes, quittant le climat brûlant de l'Afrique, et un rude esclavage, ait trouvé dans son imagination des idées assez tendres et langoureuses pour composer une pastorale ; *Galatée* fut le premier ouvrage qu'il pu-

blia à son retour d'Alger. Mais il était alors amoureux, et peu de temps après il épousa dona Catalina
Salazar y Palacios, demoiselle d'une famille noble,
mais aussi pauvre que celle de son mari. Les biographes n'ont point encore pu décider si c'est bien
sa femme qu'il peignit sous les traits de Galatée ;
ce qui rend difficile la solution de ce point important, c'est que l'année même de son mariage,
fut aussi celle de la naissance de sa fille naturelle.

La *Diane*, de Georges de Montemayor, avait mis
les pastorales à la mode : ce genre, assurément très-
faux, et selon moi très-ennuyeux, composait, avec
les romans de chevalerie et les romances, presque
toute la littérature espagnole. Déjà l'on avait fait
plusieurs continuations de la *Diane*. Cervantes l'i-
mita, mais ne put l'égaler. Nous verrons plus d'une
fois ce grand homme, s'ignorant lui-même, chercher
au hasard sa vocation, et longtemps ne pas la rencontrer. Sa prose, dans la *Galatée*, est encore plus la-
borieusement contournée que ses vers ; les inversions y sont fréquentes, et presque toujours faites
mal à propos. Le dialogue est hérissé de pointes,
de citations et de dissertations pédantesques. On
croirait entendre des docteurs en théologie et non

des bergers. Enfin l'action principale disparaît au milieu d'une foule d'épisodes mal liés entre eux, et encore plus mal rattachés au corps de l'ouvrage. C'était alors la mode de ne jamais finir un livre[1], et Cervantes en profita pour laisser son lecteur embarrassé à deviner la fin d'une douzaine d'aventures que lui-même, je crois, aurait eu de la peine à terminer. Malgré tous ces défauts, la *Galatée* eut du succès, et Cervantes commença à prendre rang parmi les beaux esprits espagnols. Les comédies qu'il donna ensuite accrurent sa réputation, mais sans le délivrer de ses embarras pécuniaires.

Le prologue des comédies qu'il publia longtemps après, en 1615, donne une idée du théâtre espagnol avant lui, et des perfectionnements qu'il sut y introduire.

« Je ne puis m'empêcher, ami lecteur, de te de-
» mander pardon si je sors ici de ma modestie ac-
» coutumée. L'autre jour, je me trouvai à une pe-
» tite réunion d'amis, où l'on parla de théâtre et
» de ce qui s'y rapporte. Là-dessus, ils trouvèrent
» tant de subtilités, et réglèrent tout si bien, par
» points et virgules, qu'à mon avis ils en vinrent à
» la dernière perfection. On parla enfin de celui

1. Voir *Lazarillo de Tormes; la Garduna de Sevilla,* etc.

» qui le premier, en Espagne, tira la comédie de
» ses langes, pour la revêtir d'habits de cérémonie,
» et lui donner de la pompe et de l'éclat. Moi, le
» plus vieux de la société, je dis alors, que je me
» souvenais d'avoir vu jouer le grand *Lope de Rue-*
» *da* , homme remarquable par son jeu et son
» esprit. Il était natif de Séville, et de sa profession
» batteur d'or. Dans la poésie pastorale, il était
» admirable, et dans ce genre, ni alors, ni depuis,
» personne ne l'a pu surpasser. Bien que je fusse
» très-jeune, et par conséquent assez mauvais juge
» de la bonté de ses vers, cependant, par plusieurs
» qui me sont restés dans la mémoire, je m'aper-
» çois, maintenant que me voilà parvenu à un âge
» mûr, que je n'ai point exagéré son mérite ; et si
» je ne craignais de sortir du but de ce prologue,
» j'en citerais quelques-uns, qui prouveraient mon
» dire. Du temps de ce célèbre Espagnol, tout l'ap-
» pareil d'un directeur de théâtre s'enfermait
» dans un sac à froment, et se réduisait à peu près
» à quatre vestes en peau de mouton blanches, gar-
» nies de franges dorées, quatre barbes postiches,
» avec les perruques, et quatre houlettes. Les comé-
» dies n'étaient que des dialogues, et des espèces
» d'églogues entre deux ou trois bergers et une

» bergère. On les enjolivait et on les allongeait
» avec deux ou trois intermèdes, La *Négresse*, quel-
» quefois l'*Entremetteur*, ou le *Niais* ou le *Bis-*
» *cayen* ; ces quatre rôles et quelques autres,
» voilà ce que Lope rendait avec un talent et
» une vérité que l'on ne peut imaginer. Dans ce
» temps il n'y avait ni décorations, ni duels de
» Mores et de chrétiens : point de figures qui sor-
» tissent, ou qui semblassent sortir de terre, au moyen
» d'une trappe sur la scène. Celle-ci n'était formée
» que de quatre bancs mis en carré avec cinq ou
» six planches par-dessus, ce qui élevait les acteurs
» à un pied du sol. Encore moins voyait-on descen-
» dre du ciel des nuées, avec des anges ou des es-
» prits. Tout l'ornement du théâtre consistait dans
» une vieille mante que l'on tirait de côté avec une
» ficelle, et cela tenait lieu de coulisses et de foyer.
» Derrière étaient les musiciens qui chantaient
» sans guitare quelque vieille romance. Lope de
» Rueda mourut, et comme c'était un homme de
» mérite et de réputation, on l'enterra dans la
» grande église de Cordoue (où il mourut), entre
» les deux chœurs, à côté de ce fou fameux, *Luis*
» *Lopez*. A Lope de Rueda succéda Naharro, natif de
» Tolède, lequel fut célèbre pour un rôle d'entre-

» metteur poltron. Celui-là changea un peu l'appa-
» reil des comédies, et il fallut remplacer le sac
» à froment, qui contenait les costumes, par des
» malles et des coffres. Il tira les musiciens dè derrière
» la mante où ils chantaient, pour les placer en
» public dans le théâtre. Il ôta la barbe aûx far-
» ceurs, qui auparavant ne jouaient pas sans barbe
» postiche, et fit paraître tous les acteurs le men-
» ton rasé, à l'exception de ceux qui devaient re-
» présenter les vieillards ou les autres caractères
» qui exigent un déguisement de visage. On lui
» doit l'invention des décorations, des nuées, des
» éclairs et des tonnerres, des duels ou des ba-
» tailles. Mais cependant il n'en vint pas à ce point
» sublime où nous sommes parvenus aujourd'hui.
» Il est une vérité que l'on ne pourra contredire
» (car c'est ici qu'il faut faire taire ma modestie),
» on a vu représenter sur les théâtres de Madrid,
» les *Mœurs d'Alger*, la *Destruction de Numancé*, et
» la *Bataille Navale*, où j'osai réduire à trois le nom-
» bre des journées qui auparavant s'élevait à cinq.
» J'ai fait paraître, ou pour mieux dire, je fus le
» premier qui personnifiai les idées et les pensers
» cachés de l'âme, produisant sur la scène des êtres
» moraux avec l'applaudissement général des spec-

» tateurs. A cette époque je composai vingt ou trente
» comédies, qui se jouèrent toutes sans offrandes
» de concombres ou autres projectiles. Elles ache-
» vèrent leur carrière, sans sifflet, sans cris. ni ta-
» page. Mais j'eus d'autres affaires en tête, je
» laissai la plume et le théâtre. Là-dessus parut ce
» prodige de naturel, le grand Lope de Véga, qui
» exalta la monarchie comique. Il étendit son em-
» pire et sa juridiction sur tous les farceurs, et
» remplit le monde de comédies heureusement choi-
» sies et bien dialoguées, et telle était sa fécondité
» qu'il a bien couvert de son écriture plus de dix
» mille feuilles de papier. Toutes ces pièces (et c'est
» le plus grand éloge que l'on en puisse faire)
» furent représentées sous ses yeux, ou pour le
» moins, il ouït dire qu'elles avaient été représen-
» tées. Si quelques-uns, voire même beaucoup, ont
» voulu prendre leur part de sa gloire et de ses
» travaux, tous ensemble ne pourraient produire
» la moitié seulement de ce que lui seul a écrit.
» Toutefois (puisque Dieu n'accorde pas tout à tous),
» on doit faire cas des travaux du docteur Ramon,
» qui furent les plus notables après ceux du grand
« Lope. Estimons les plans artistement conçus du
» licencié Miguel Sanchez ; la noblesse du docteur

» Hira de Hescua, l'honneur de notre pays ; l'es-
» prit et l'infatigable imagination du chanoine
» Tarraga ; la douceur et la grâce de Guillen de
» Castro ; la finesse d'Aguilar ; le mouvement, la
» pompe et la magnificence des comédies de Luis
» Velez de Guevara ; et les comédies qui ne sont
» encore qu'ébauchées par le génie subtil de don
» Antonio de Galarza ; enfin celles que nous pro-
» mettent les *Stratagèmes amoureux*, de Gaspar
» de Avila. Tels sont les hommes qui aidèrent
» le grand Lope à soutenir cette machine im-
» mense. »

De ces vingt ou trente comédies [1] que Cervantes
donna à son retour d'Espagne, il ne nous reste
que la *Numance* et les *Mœurs d'Alger*. On croit que
deux autres encore, la *Grande Turquesse* et la *Con-
fuse*, ont été depuis imprimées sous le titre de la
Grande Sultane, et du *Labyrinthe d'amour*, avec
celles dont on vient de lire le prologue.

La plupart de ses premières pièces ne furent pas
immédiatement imprimées, et, d'ailleurs, les comédiens les abandonnèrent bientôt pour celles de Lope
de Véga, ce qui explique la perte de tant d'ouvra-

1. Je me sers du mot comédie dans le sens espagnol ; il
s'applique indifféremment à tout ouvrage dramatique.

ges ; mais, du reste, je ne sais si nous devons les regretter.

Cervantes avait beaucoup vu le monde : son *Don Quichotte* prouve qu'il connaissait les hommes et qu'il savait faire parler chacun de ses personnages suivant son caractère. Il est donc surprenant qu'avec des qualités si rares, il soit resté, dans ses comédies. si fort au-dessous de lui-même.

Parmi d'autres causes, une surtout a dû influer sur ses compositions en ce genre ; c'est l'obligation d'écrire en vers. Il est vrai que de son temps, il n'existait pas de comédies en prose [1], et que. très-faciles à faire, les vers espagnols avaient été généralement adoptés pour le drame. Mais quand on s'efforce, comme sur la scène espagnole, de reproduire les événements de la vie réelle, de peindre les hommes *tels qu'ils sont*, et sans une certaine noblesse *convenue*, il ne faut pas que leur langage fasse un contraste perpétuel avec leurs actions. Or. en tous pays, les vers sont ennemis du naturel, surtout les vers espagnols qui ont besoin de beaucoup de pompe pour ne pas paraître plats. De là

---

1. Un des ennemis de Cervantes crut lui faire une critique bien sanglante en lui reprochant que ses *Nouvelles* étaient de comédies en prose.

viennent tant de métaphores entortillées, de mauvais synonymes, d'inversions bizarres, exigés par la rime et la mesure.

Outre ces défauts, presque inévitables, des comédies en vers, et qui rendent le dialogue impossible, l'usage en Espagne était de larder de pointes toutes les tirades, de faire de l'esprit sur tout et dans toutes les situations. C'est véritablement alors que l'on exigeait d'un poëte qu'il satisfît l'esprit et le cœur ; et telle était l'exigence de ce public, qu'il voulait pleurer et jouir en même temps d'un calembour. Ce style barbare, à la mode, s'appelait *culto*. Aujourd'hui on éprouve une véritable souffrance à lire de beaux morceaux défigurés par cet usage ridicule, mais tel était le goût du public pour qui l'on devait travailler dans le xvie siècle et à la fin du xviie.

Ce goût, tout extraordinaire qu'il nous paraisse maintenant, nous pouvons encore le concevoir. Après tout, ce n'est qu'une envie de réunir deux plaisirs en un seul, celui que procure un drame, et celui que faisait éprouver un genre d'esprit bon autrefois, mais qui est perdu pour nous. Or, à peu de chose près, n'en sommes-nous pas au même point, nous qui voulons, à toute force, des vers dans l'art dramatique? nous qui voulons réunir les plaisirs d'un drame à celui d'une tirade poétique ? Nos monotones alexandrins, notre rime encore plus monotone, remplacent assez bien le style *culto* de Lope et de Calderón. La passion veut toujours le mot propre, fût-il vulgaire, et la distinction impérieusement exigée chez nous entre les mots poétiques et ceux qui ne le sont point, ne produit-elle pas souvent des contre-sens aussi ridicules que les pointes dont nous venons de parler ? En un mot, un dialogue en vers, ou en style *culto*, voilà deux conventions, toutes deux ennemies de la vérité ; l'habitude que nous avons de l'une, peut seule nous aveugler sur son étrangeté.

Ces obstacles, qui proviennent des vers ou du style *culto*, le génie les surmonte. Mais le langage ridicule, qui lui est commun avec tous les tragiques espagnols, n'est pas le seul défaut de Cervantes. On lui en reproche un autre qui tenait à un système alors reçu généralement, et qu'il a poussé à l'extrême. Je veux parler des imbroglios et des coups de théâtre accumulés, qui ne laissent pas de place au développement des caractères. Sans chercher à profiter d'une situation intéressante, il passe rapidement à une autre indifférente, avant d'avoir achevé toute l'impression que peut produire la première. Cette multitude d'aventures semble au premier coup d'œil annoncer beaucoup d'imagination, mais on ne tarde pas à reconnaître un petit nombre de lieux communs, qui, déguisés bien ou mal, se reproduisent à l'infini, comme les figurants de l'Opéra. Avec une certaine quantité de motifs dramatiques, tirés des mœurs nationales, tels que les sérénades, les duels, les vengeances, les jalousies, les assassinats, les auteurs espagnols se sont fait une mine inépuisable, à la vérité, mais au fond de peu de valeur. C'est ce qui explique les dix-huit cents pièces de Lope de Véga. La violation des unités est la conséquence inévitable de ce système ; c'est un bien petit mal que je leur pardonnerais de bon cœur, s'ils savaient généralement en profiter. Mais agiter violemment ces personnages, pour que de ce grand mouvement il ne résulte rien de vrai, de beau ou de plaisant, c'est une faute qui n'a plus d'excuse. Sans doute il vaut mieux faire agir les acteurs que de les faire parler par tirades, comme sur notre scène, mais que chacune de leurs actions explique leurs caractères, peigne leurs mœurs, et celles de leur temps, autrement la multiplicité des aventures, devient, pour le spectateur, aussi fatigante que les tirades. Rarement les Espagnols se sont attachés à peindre des caractères : en général, ils cherchent à frapper par la singularité des événements, plutôt que par les passions qui les ont causés.

Tels sont les défauts de Cervantes : on voit qu'ils sont surtout ceux du temps où il vivait. Mais, toutefois, Lope de Véga et Calderón ont prouvé qu'ils savaient réunir, quand ils le voulaient, une intrigue attachante à des caractères fortement tracés [1].

Il est assez curieux d'observer que plusieurs poëtes, fameux par leurs infractions aux unités, Lope [2] et Cervantes entre autres, les ont défendues de toute manière, excepté par leur exemple. Comme les rhéteurs anciens étaient alors encore bien plus respectés et lus qu'ils ne le sont maintenant, il est probable que Lope et Cervantes ont voulu ménager les érudits, tandis que, dans l'occasion, leur génie les emportait et leur faisait oublier ces beaux préceptes. C'est en vain que l'on alléguera le mauvais goût du temps, et l'envie de plaire au public. Lope et Cervantes, avant lui, ont fait leur public, et le premier surtout, entouré, à son début, d'une im-

---

1. Voir *Fuente Ovejuna, el Medico de su honra, el Alcade de Zalamea, el Magico Prodigioso*, etc.

2. Voir son *Art poétique.*

mense réputation, n'aurait-il pas fait adopter tous les genres auxquels il aurait employé son talent? Un dialogue amusant, dans le chap. xlviii de la première partie du *Don Quichotte*, fait connaître l'opinion que Cervantes prétendait avoir sur ce sujet, quand il voulait se donner l'air de savant; mais dans un passage d'une de ses comédies (postérieur à celui déjà cité), il se contredit lui-même et défend cette liberté dont il usait amplement. Il fait parler la comédie qu'il personnifie.

« Le théâtre est une carte de géographie, où il n'y
» a pas trois pouces d'intervalle entre Rome, Valla-
» dolid et Gand. Qu'importe au spectateur, si,
» sans quitter ces tréteaux, je le mène d'Allemagne
» en Afrique? Sa pensée est aussi légère que moi,
» et partout où le porte mon vol, elle peut m'ac-
» compagner, sans crainte de se perdre, sans risque
» de se fatiguer. »

Comme auteur dramatique, Cervantes est resté dans un rang inférieur; cependant sa *Numance* pourrait être honorablement distinguée. L'héroïque dévouement des habitants de cette malheureuse ville est aussi célèbre en Espagne que les aventures du Cid; mais peut-être ce sujet n'est-il pas autant que l'autre du ressort de la tragédie. L'in-

térêt s'attache à la cité de Numance, en quelque
sorte, comme à un être moral ; et ce n'est que
par une multitude d'épisodes isolés que l'on peut
jeter quelque variété sur ce drame, qui n'offre,
en dernier résultat, qu'une seule situation. Mais
si ce sujet semble se refuser à des développements
dramatiques, il ne laisse pas de prêter beaucoup à
la poésie. C'est ce que Cervantes sentit, et ce qui lui
fit chercher de nouvelles ressources. Vouloir concilier la poésie avec le drame est une entreprise
peut-être impossible ; la supériorité doit rester à
l'un des deux, si, toutefois, par une malheureuse
combinaison, ces deux moyens de plaire ne se dé-
truisent pas l'un l'autre.

Dans la *Numance*, Cervantes ne chercha ses succès que par la poésie, et c'est, je crois, dans cette
intention qu'il introduisit sur la scène ces figures
allégoriques, qui peuvent et doivent parler le *langage des dieux*, parce qu'elles sont d'un monde
idéal. C'est, à mon avis, tirer une bonne conséquence
d'un système mauvais en lui-même. Les chœurs des
anciens tragiques, qui fournissent aussi au poëte
une occasion d'étaler ses richesses, me semblent
mériter l'attention des auteurs de tragédies classiques, qui ne pourraient mieux faire que de les

adopter. D'abord, ils imiteraient mieux les anciens, leurs modèles; ensuite, on trouverait leurs vers d'autant meilleurs que le dialogue ne leur imposerait pas une contrainte fâcheuse, dont il ressentirait lui-même les effets.

La comédie était nouvelle en Espagne, et les spectateurs n'avaient pas le goût fait en bien ou en mal. Telle ou telle innovation n'était pas repoussée seulement comme innovation, et l'idée du ridicule n'était pas encore assez puissante pour arrêter un auteur au milieu de ses tentatives. Les personnages allégoriques de Cervantes eurent un plein succès devant le public de 1584. On admire encore, dans la *Numance*, une peinture effrayante des maux qu'entraîne un siége, exprimée en vers énergiques, et souvent avec une élégante simplicité. Un des épisodes, dans lequel un enfant demande du pain à sa mère, est tout à fait comparable, pour le naturel joint au sublime, à la scène si touchante de Joas et d'Athalie.

Pour n'avoir plus à reparler de ses ouvrages dramatiques, passons rapidement aux comédies qu'il publia en 1615, et où l'on retrouve tous les défauts que nous avons déjà signalés. Elles sont au nombre de six, et n'offrent que des imbroglios

assez faibles de conception, écrits en vers très-infé-
rieurs à ceux de ses premières pièces. Souvent il
met en scène des musulmans, et ce qui doit étonner.
c'est que Cervantes, qui avait été à portée de connaître leurs mœurs, les ait si mal reproduites sur
le théâtre. Six intermèdes suivent les comédies. Ce
sont des scènes vulgaires copiées d'après nature, et
qui devaient être assez plaisantes à la représenta-
tion. Il faut dire, à la louange de notre auteur,
que ses intermèdes sont beaucoup moins indécents
que la plupart de ceux que l'on jouait à cette époque; mais cela ne prouve pas beaucoup en leur faveur.

Probablement Cervantes se serait exclusivement
voué au théâtre, si Lope de Véga, dès son début,
n'avait éclipsé sa réputation. Cervantes se jugea
avec modestie; il comprit qu'il fallait céder la première place à son rival, et il était trop fier pour se
contenter du second rang. Il renonça donc au
théâtre, et se mit à chercher ailleurs des moyens de
subsister. Son mariage n'avait fait que rendre sa
pauvreté plus pénible, et la nécessité lui faisait une
loi de mettre en œuvre toutes les ressources de son
esprit. S'imaginant que désormais ce serait en vain
qu'il chercherait dans la littérature un moyen de

fortune, il eut recours au peu de jurisprudence qu'il avait appris aux universités. Un de ses protecteurs *éclairés* voulut bien lui donner la place de son agent d'affaires [1], et le charger de quelques réclamations qu'il avait à exercer sur le village d'Argamasilla de Alba, dans la Manche. Cervantes, voulant s'acquitter de son emploi en conscience, refusa de s'entendre avec l'alcade, pour arranger l'affaire à la satisfaction de tous deux.

Le magistrat irrité le fit mettre en prison, je ne sais sous quel prétexte, et comme il trouva moyen d'apaiser son seigneur, le pauvre Cervantes fut oublié, perdit sa place, et demeura même assez longtemps au pouvoir de l'alcade. On dit que c'est dans la prison de cette bourgade qu'il écrivit les premières pages de son *Don Quichotte* [2], et que par rancune il en fit la patrie de son héros, sans pourtant vouloir la nommer. Au reste, il était assez familier avec cette espèce de gîte, où ses dettes le conduisaient souvent, pour en avoir fait cette fois son cabinet de travail. Il avait déjà été emprisonné

1. C'est ainsi que lord *** fit avoir une place de douanier à Robert Burns.

2. Voir le prologue de la première partie.

avec toute sa famille pour une sérénade donnée dans sa rue, et terminée par des coups d'épée. On n'ignore pas qu'à cette époque les amants, par respect pour l'honneur de leurs dames, avaient coutume d'interdire, l'épée à la main, aux passants, l'entrée de la rue où se donnait la sérénade. Un curieux s'étant approché un peu trop des musiciens, malgré le cri terrible de *atras!* en arrière ! il fut tué sur place. Il n'y avait rien que de très-ordinaire dans l'aventure ; mais comme Cervantes était mal avec une dévote sa voisine, elle eut le crédit de le faire mettre en prison, d'où cependant ses amis le tirèrent bientôt.

Un intervalle de onze années s'écoula depuis sa dernière comédie jusqu'à la publication de son *Don Quichotte*, et il ne paraît pas que ce temps ait été consacré à d'autres travaux littéraires [1]. Les soins qu'il se donnait pour pourvoir à l'entretien de sa

1. On a conservé cependant une épigramme à laquelle avait donné lieu certaine aventure ridicule arrivée à Séville, où il demeurait en 1598. Philippe II venait de mourir, et chaque ville s'efforçait à l'envi de se surpasser en magnificence, par les honneurs funèbres qu'on lui rendait. Séville lui avait élevé un catafalque magnifique dans la cathédrale, où toutes les autorités se rendirent pour assister au service funèbre. Il faut savoir que parmi tous les Espagnols, les Andalous sont renommés pour leur susceptibilité et leurs fanfaronnades. Au

famille, l'absorbaient entièrement. Seulement on sait qu'il habita tour à tour plusieurs villes d'Espagne, toujours pauvre et toujours luttant avec courage contre l'adversité.

milieu de la cérémonie, les membres du chapitre de l'Inquisition s'aperçurent que le *régent de l'Andalousie* (titre qui repond à celui de préfet) avait son fauteuil couvert d'un drap noir, tandis que les leurs n'avaient pas cet ornement. Interrompant le service, ils sommèrent le régent d'ôter son drap noir, ou bien de leur en faire donner de semblables, et à son refus, ils fulminèrent l'excommunication dans l'église même, et pendant l'office divin. Le régent résista, en appela au roi, dont la décision se fit attendre six semaines. Pendant tout ce temps, le catafalque resta dans l'église, au grand déplaisir de ceux qui avaient prêté des étoffes et des meubles précieux pour le décorer. — Comme cette épigramme est assez rare, nous insérons ici l'original, regrettant de n'en pouvoir donner qu'une traduction très-imparfaite, car presque tout le mérite de ce petit morceau consiste dans l'imitation du style et du langage andalous.

AL TUMULO DEL REY EN SEVILLA

Voto à Dios, que me espanta esta grandeza !
Y que diera un doblon por describilla ;
Porque, à quien no suspende y maravilla
Esta maquina insigne, esta braveza ?
Por Jesu Christo vivo ! cada pieca
Vale mas que un millon, y que es mancilla
Que este no dure un siglo. O gran Sevilla,
Roma triumphante en animo y riqueza !

Le nom de Cervantes était presque oublié lorsqu'il fit paraître, en 1605, la première partie du *Don Quichotte*. L'usage voulait que tout ouvrage fût dédié à un grand, qui en acceptant la dédicace.

> Apostare que el anima del muerto,
> Por gozar deste sitio, hoy ha dexado,
> El cielo de que goza eternamente.
> Esto oyo un valenton, y dixo : Es cierto.
> Lo que dire voace, seo soldado
> Y quien dixere lo contrario, miente.
> Y luego en continente,
> Calo el chapeo, requirio la espada
> Miro al soslayo, y no hubo nada.

SUR LE TOMBEAU DU ROI A SÉVILLE

« Parbleu ! tant de grandeur me surprend, et je donnerais bien un doublon pour pouvoir la décrire ; car y a-t-il un homme qui ne s'émerveille et ne s'étonne à la vue de cette machine immense, de toute cette braverie ?

» Par Jésus-Christ, chaque morceau vaut plus d'un million, et c'est bien dommage que cela ne dure pas un siècle. O grande Séville, tu surpasses Rome en courage et en grandeur !

» Je parie que l'âme du défunt, voulant jouir de ce gîte, a quitté aujourd'hui le ciel, dont elle jouit éternellement.

» Certain brave entendit ces paroles, et dit : Seigneur soldat, ce que vous dites est vrai, et qui dira le contraire, ment.

Alors il enfonça son chapeau, tàta son épee, regarda de travers ; et ce fut tout.

s'engageait en quelque sorte à faire à l'auteur un succès dans le monde. Le duc de Béjar avait été supplié de prendre *Don Quichotte* sous sa protection; mais il refusa, craignant d'exposer son nom en tête d'un livre de chevalerie, qu'il supposait semblable à ceux qui alors, et depuis longtemps, inondaient l'Espagne. Cervantès lui demanda pour toute faveur de vouloir bien entendre la lecture d'un seul chapitre; ce qui lui fut accordé d'assez mauvaise grâce; mais le succès le plus éclatant justifia son attente. Le duc enchanté accepta la dédicace, et combla l'auteur d'éloges.

A cette lecture avait assisté un ecclésiastique qui dirigeait la maison du duc. C'était un homme chagrin et bourru, à qui ces éloges déplurent, comme s'ils étaient donnés à ses dépens. Sans prendre la peine de faire une critique raisonnée de l'ouvrage, il accabla l'auteur d'injures grossières, et le duc de reproches pour l'accueil qu'il lui faisait. Cervantes répondit avec sa modération ordinaire; mais on dit qu'il profita de cette scène pour peindre au naturel la colère de ce moine dans les chapitres XXXI et XXXII de la seconde partie du *Don Quichotte*. Cependant il paraît que l'ecclésiastique l'emporta, car Cervantes, le plus reconnaissant de tous les hommes, ne dit plus un seul mot du duc de Béjar, dans les ouvrages qu'il publia par la suite, ce qui ferait croire qu'il n'eut pas à se louer de sa générosité.

L'obscurité dans laquelle il vivait nuisit d'abord au succès de son livre. On se moquait du titre, et personne n'en voulait lire davantage. Pour sortir de l'oubli, il s'avisa d'un expédient assez extraordinaire : il fit un petit pamphlet de quelques pages qu'il intitula *el Buscapie*, l'Énigme, dans lequel, tout en faisant l'éloge du nouveau roman, il insinuait avec adresse qu'on y trouverait des allusions piquantes à certains grands personnages ; mais il se garda bien de donner une clef. La curiosité une fois excitée de cette manière, *Don Quichotte* fut lu avec avidité, chacun voulant à toute force trouver le mot de l'énigme, lequel pourtant est encore à deviner.

C'est à ce petit ouvrage, aujourd'hui prodigieusement rare, que *Don Quichotte* dut sa réputation. Le succès de la première partie fut tel, que trente mille exemplaires disparurent en moins de deux ans, et que du vivant même de l'auteur, elle fut traduite dans presque toutes les langues de l'Europe.

Il serait bien inutile, aujourd'hui, de faire l'éloge de cette composition extraordinaire, que tout le monde a lue, et que tout le monde aime à relire. Malgré le mérite prodigieux du style de l'original, toutes les traductions en sont goûtées, et l'ont été dans tous les temps. Peut-être que les lecteurs accoutumés à la légèreté de quelques-uns de nos auteurs du XIXe siècle, ne trouveront pas son style assez vif et assez rapide ; mais il faut faire attention à la différence du génie des deux langues et des deux nations. La langue espagnole, qui a peu changé depuis Cervantes, est si riche en mots sonores et sons harmonieux, qu'elle semble, par cela même, inviter aux longues phrases. D'ailleurs le caractère posé des Castillans explique ces longues périodes qui se retrouvent même dans leurs conversations. Toutefois, Cervantes n'en a jamais fait abus ; et sans aucune exception, il est le plus simple comme le plus élégant des prosateurs espagnols.

Les érudits ont relevé nombre d'anachronismes et quelques erreurs historiques ; mais on peut lui faire un reproche plus grave, c'est d'avoir, peut-être trop souvent, cherché une source de comique dans les souffrances de son héros. Les coups de bâton qu'il lui donne sont d'abord au-dessus des forces de la nature humaine, et m'ont toujours paru avoir quelque chose d'attristant, car on aime *Don Quichotte*, bien que l'on rie de ses extravagances. L'épée du Biscayen, qui lui coupe une oreille, et les bâtons ferrés des Yangois passent la plaisanterie et vont au delà du but. Comment rire d'un homme blessé et couvert de sang ! Il est juste d'ajouter que ce défaut disparaît dans la seconde partie, qu'à plusieurs égards je serais tenté de préférer à la première. On a beaucoup critiqué le grand nombre d'épisodes qui entravent, dit-on, la marche du roman ; mais *Don Quichotte* est un livre qu'on ne lit pas en hâte pour arriver au dénouement ; on l'ouvre au hasard, certain de tomber sur une page amusante. Enfin les plus longs de ces épisodes, l'histoire du captif et la nouvelle du curieux extravagant, sont tellement intéressants en eux-mêmes, que personne, après les avoir lus, ne voudrait les retrancher du corps de l'ouvrage.

Si tous les commentateurs s'accordent sur les louanges qu'ils donnent à une production si originale, ils sont loin d'être du même avis sur l'idée présumée qui détermina Cervantes à choisir le caractère de Don Quichotte plutôt que tel ou tel autre. Le temps de la chevalerie errante est loin de nous, et

les mœurs sont bien changées depuis le xvii^e
siècle ; pourtant ce chevalier errant, cet être fantastique, nous plaît, nous amuse encore aujour-
d'hui. Bien plus, on l'a vu, on a vécu avec lui, on
reconnaît son portrait. Sa réputation est à peine
égalée par Achille ; tous deux sont connus même
par ceux qui n'ont jamais ouï nommer Homère et
Cervantes. Or, se dit-on, cette conception qui est de
tous les temps, qui frappe tous les peuples, doit
renfermer en soi quelque chose de presque mystérieux, qu'il faut deviner pour expliquer son étonnant
succès. L'auteur avait un but, car on ne se met
pas à écrire un roman sans but. Ainsi raisonnent
ses biographes, ne s'apercevant pas qu'ils veulent
deviner une énigme indéchiffrable, le génie d'un
grand homme.

Sans prendre parti au milieu de toutes les explications, je me contenterai de les exposer ici avec
les preuves, telles quelles, que leurs auteurs ont
données à l'appui.

Les uns y voient une peinture burlesque du règne de Charles V, et font du *Don Quichotte* une
satire du même genre que le roman de *Gargantua*.
Entre autres passages qui établissent ce rapport, ils
citent le combat de Don Quichotte contre les lions.

C'est, suivant eux, une allusion évidente à la descente de Charles V sur les côtes de Barbarie. On voit
qu'avec de tels arguments, il ne serait pas difficile
de trouver dans Don Quichotte le portrait de tous
les rois passés et à venir.

D'autres ont pensé que Cervantes n'avait pas osé
se jouer à la mémoire d'un aussi grand monarque,
et qu'il avait seulement en vue de jeter du ridicule
sur le duc de Lerma et les actes de son ministère.
Ils s'appuyent surtout sur une ressemblance qu'ils
disent frappante, entre les traits que Cervantes
donne à son héros, et ceux du ministre de Philippe III.
Maintenant, il est assez difficile de contredire
une assertion semblable : cependant ceux qui ont
cru devoir combattre sérieusement cette supposi-
tion, font remarquer que Cervantes reçut une pension du comte de Lemos, ami connu du duc de
Lerma, et qu'il n'aurait pas osé dédier à ce seigneur
un ouvrage décidément dirigé contre son ami. Enfin
ils rappellent que le duc de Lerma était, de son naturel, assez clairvoyant, et ennemi des critiques; et
qu'il aurait, sans doute, envoyé l'auteur de la satire
travailler à sa seconde partie dans quelque pré-
sidio éloigné. Les deux opinions que je viens de
rapporter ont encore des partisans en Espagne.

Un de nos écrivains modernes les plus distingués a prétendu que l'invention fondamentale de *Don Quichotte*, c'était le contraste entre l'esprit poétique et celui de la prose ; que Cervantes, enthousiaste de la vertu, et mal reçu de son siècle, s'était peint luttant seul contre la société, et qu'il avait montré le plus vertueux et le seul sage parmi les hommes, passant pour fou au milieu de la société vicieuse et insensée. L'explication est ingénieuse, mais l'esprit qu'elle suppose n'est pas celui de Cervantes. Si son intention avait été de faire une satire aussi amère contre l'humanité, on conviendra qu'il a rempli assez mal son but, en faisant de cette invective contre l'espèce humaine, un des livres les plus gais et les plus amusants. Comparons nos impressions après avoir lu *Candide* et *Don Quichotte*. N'avonsnous pas trouvé dans le premier cette tristesse et ce mépris des hommes, qu'inspire l'examen de leurs vices ? Et dans l'autre, n'est-on pas frappé de cette bonne humeur constante d'un homme content de vivre avec la société telle qu'elle est ? En outre, estce le procédé du génie de passer d'une idée aussi abstraite à un caractère aussi particulier, aussi original que celui de Don Quichotte ? De semblables abstractions n'étaient point encore de mode, et ce n'est pas dans les auteurs espagnols qu'il faut les chercher.

L'opinion la plus généralement reçue, est que l'intention de notre auteur a été de dégoûter des livres de chevalerie, alors extrêmement répandus en Espagne. C'est, ce me semble, la plus raisonnable. Elle est confirmée par le prologue et par bien des passages de la première partie, enfin elle a été adoptée par Padre Isla, auquel un motif semblable a dicté son *Fray Gerundio Campazas*. Quant à l'invention du personnage de Don Quichotte en lui-même, qui peut espérer d'en retrouver la trace, maintenant que toutes les traditions sur son auteur sont effacées? Quelque plaisanterie du moment, quelque anecdote perdue, lui a peut-être fourni l'idée de son héros, comme celle de Falstaff pour Shakspeare? Serait-il si difficile de trouver dans Falstaff une idée philosophique, si l'on voulait absolument en trouver une?

Il est d'autant plus probable que Cervantes voulut détruire les livres de chevalerie, que de son temps ces livres s'étaient multipliés d'une manière vraiment effrayante. Les preux d'Arthur et de Charlemagne avaient été pour le moyen âge ce qu'étaient pour l'antiquité classique ses demi-dieux et ses héros[1]. Mais plusieurs causes contribuèrent à prolonger et à enraciner en Espagne, le goût de ces histoires merveilleuses. Le partage de la péninsule en petites principautés, et surtout cette guerre nationale et religieuse qui durait encore quand le reste de l'Europe avait oublié les idées de croisade, devaient donner lieu à une foule de traditions bientôt dénaturées par l'ignorance, la haine ou le fanatisme. Depuis la mort du roi Rodrigue jusqu'à la guerre des Morisques, les deux peuples rivaux s'étaient disputé chaque pouce de terre, des Pyrénées au détroit de Gibraltar. Il n'existait pas une ville qui ne conservât la mémoire d'un siége, d'un assaut, d'un pillage. Les mères chantaient à leurs enfants les exploits des héros de leurs nations, et les cruautés des chefs ennemis. Ces romances, pendant longtemps, furent toute l'histoire d'Espagne.

La galanterie des Mores, leur culte pour les

1. Les héros les plus anciens avaient été, pour ainsi dire, communs à tous les peuples de l'Europe. Aussi est-il difficile de découvrir l'origine des chroniques fabuleuses sur Roland, Renaud, Galaor, et tant d'autres. Les Espagnols ont disputé aux Français l'honneur d'avoir composé la première histoire d'Amadis, laquelle a été le type de tous les romans de chevalerie, comme l'*Iliade* a été le type de tous les poëmes épiques.

dames, varièrent et adoucirent ces récits perpétuels de duels et de massacres ; et à mesure que la dévotion devint un trait distinctif du caractère espagnol, ils s'enrichirent de miracles et de dissertations théologiques. Voilà donc les traits principaux des romans de chevalerie : guerre, galanterie, dévotion; les deux derniers deviennent souvent libertinage et superstition [1].

Au temps de Cervantes, une espèce de croisade contre les infidèles avait donné un redoublement de verve aux romanciers. Reproduisant tous les lieux communs du merveilleux, ils renchérirent encore sur le style héroïque ou *culto*, dont nous avons parlé, et ce fut véritablement alors que le mal vint à son comble. Si le but de Cervantes fut de détruire les romans de chevalerie, jamais auteur n'eut un plus grand succès. Bons ou mauvais, les romans de chevalerie disparurent des bibliothèques, et la plupart de ceux qui sont cités dans *Don Quichotte*, sont devenus tellement rares, qu'il serait presque impossible, de se les procurer en Espagne.

Mais le plus grand mal de ces livres n'était pas

1. Besadme tres veces en la boca, en honor de la Santissima Trinidad.

Tirante-el-Blanco.

dans les récits merveilleux de combats et d'enchantements. C'était la langue qui avait le plus souffert sous leur règne. L'introduction du style *culto*, du *tendre* et le ton de rodomontades que l'on remarque avec peine dans presque tous les livres espagnols, tout cela vient des romans de chevalerie. Voilà ce qui resta malgré Cervantes, voilà ce que lui-même ne sut pas toujours éviter.

Le succès éclatant de la première partie du *Don Quichotte* tira Cervantes de l'obscurité où il vivait depuis l'apparition de Lope de Véga, et lui acquit des protecteurs utiles dans le comte de Lemos et le cardinal de Tolède qui lui firent une petite pension. Mais bien que son livre eût fait grand bruit à la cour, il ne reçut aucune récompense de Philippe III. Un mot de ce prince fait connaître cependant la haute opinion qu'il avait de cet ouvrage. Du balcon de son palais, il aperçut, assis au bord du Manzanarès, un étudiant qui lisait tout seul, s'interrompant de temps en temps par de grands éclats de rire. « Cet homme est fou, s'écria le roi, ou bien il lit *Don Quichotte*. » Un page courut à l'étudiant, et trouva que c'était effectivement *Don Quichotte* qu'il lisait.

L'anecdote suivante prouve que les étrangers, et

surtout les Français, n'étaient pas coupables de l'indifférence injurieuse de ses compatriotes. Une ambassade française venait d'arriver à Madrid. Des gentilshommes de la légation, allant faire leur cour au cardinal de Tolède, après lui avoir peint en termes animés leur admiration pour le génie de Cervantes, lui demandèrent, comme une grande faveur, d'être présentés à cet homme célèbre. Rien n'était plus facile ; le maître des pages du cardinal les y conduisit. En sortant, encore tout ravis de sa conversation, et surpris de voir pauvre et délaissé celui qu'ils s'imaginaient trouver dans l'opulence, un des Français s'écria : « Quelle honte pour l'Es-
» pagne qu'un tel homme ne soit pas entretenu
» richement par le trésor public ! et qu'il soit ré-
» duit à écrire pour vivre ! — Dites plutôt, répondit
» son compagnon, quel bonheur pour l'Espagne
» qui doit à sa pauvreté tant de chefs-d'œuvre ! »
L'ambassadeur lui fit offrir une pension assez forte ; mais Cervantes la refusa avec politesse, ajoutant que les bienfaits de son protecteur, le comte de Lemos, suffisaient amplement aux besoins de sa famille.

Suivant l'usage, Cervantes avait échangé son obscurité contre des ennemis. Toute la troupe de ces auteurs qui vivent de pillage, et tous les romanciers chevaleresques se déclarèrent contre lui. Un Aragonais, auteur de méchantes comédies, dont on ignore le vrai nom, et qui, par conscience de son infamie, se cacha sous le pseudonyme de Fernandez Avellaneda, fut le plus acharné comme le plus grossier de ses adversaires. Sa haine, dit-on, avait été excitée par quelques observations de Cervantes sur ces comédies ; il s'en vengea par des personnalités et des injures dégoûtantes ; d'abord il critiqua avec toute l'acreté d'un auteur jaloux, l'invention et l'exécution du *Don Quichotte*, et néanmoins il s'empara de l'idée et du personnage principal. S'imaginant sans doute qu'il lui suffisait de continuer un chef-d'œuvre pour l'égaler, il publia, en 1614, une suite du *Don Quichotte*, dans laquelle on retrouve tous les personnages, mais pas une étincelle du génie de Cervantes[1]. La supériorité de ce dernier éclate surtout par la comparaison avec Avellaneda ; cependant les injures que lui adresse son lâche ennemi firent lire cette méprisable composition. Voici qui fera juger du sel des plaisanteries de l'Aragonais.

---

1. Il existe une traduction française de la continuation d'Avellaneda, mais elle est très-inexacte ; le traducteur y a fait des coupures et de nombreuses additions.

« Nous continuons cet ouvrage, dit-il, avec les
» matériaux que Cervantes a employés pour le com-
» mencer, et nous aidant de plusieurs relations fidè-
» les qui sont tombées sous sa main. Je dis *main*,
« car il avoue lui-même qu'il n'en a qu'une ; et
» nous dirons de lui que s'il est vieux d'années, il
» est bien jeune de courage, et qu'il a plus de lan-
» gue que de *mains*. Au reste, permis à lui de se
» plaindre de mon ouvrage, puisqu'il lui fait perdre
» les bénéfices qu'il attendait de sa seconde partie. »

Dans un autre passage, Avellaneda cherche à s'ap-
puyer du nom de Lope de Véga, critiqué, mais avec
mesure, dans le chapitre LXVIII de la première
partie. Il lui dénonce Cervantes comme son ennemi,
et s'efforce de l'associer à sa haine privée. Mais Lope
rejeta cette odieuse alliance, et dans ses ouvrages
il se plaît à rendre à son rival de gloire toute la
justice due à son talent et à son caractère.

Cervantes répondit dignement à ses lâches adversaires, par la seconde partie du *Don Quichotte*[1],
au moins égale, sinon supérieure à la première. Il
combat ses ennemis en homme d'esprit et de bonté[2],
mais il est facile de voir que les injures de l'Arago-

1. En 1615.
2. Voir le prologue de la 2e partie.

3.

nais lui avaient été sensibles, car il y revient à plusieurs reprises, et se donne trop souvent la peine de confondre un misérable qu'il aurait dû oublier.

En 1613, c'est-à-dire avant la publication de la seconde partie du *Don Quichotte*, il fit paraître un recueil de nouvelles. On y retrouve son talent pour raconter, son élégance de style ordinaires, souvent une fable intéressante, et des peintures de mœurs espagnoles admirablement tracées. Ces contes, qui seuls auraient pu suffire à sa réputation, seraient encore plus célèbres, si leur auteur n'avait point écrit son roman immortel. *Rinconnete et Cortadillo, la conversation de deux chiens*, et, dans un genre tout opposé, le *Jaloux de l'Estramadure*, attestent la flexibilité de son talent. Les douze nouvelles qui composent le recueil prouvent combien les vers et le style tragique de convention ont enchaîné le génie de Cervantes ; plusieurs d'entre elles sont tellement dramatiques qu'elles ont été heureusement transportées sur le théâtre, avec peu de changement, et presque sans qu'on eût besoin d'altérer les dialogues.

Nous avons déjà parlé des comédies qu'il fit imprimer en 1615. Un poëme qui parut dans la même année, le *Voyage au Parnasse*, témoigne sa facilité et même son courage, car au milieu de ces travaux, il était tourmenté d'une hydropisie cruelle, et, condamné par les médecins, il n'avait rien perdu de son enjouement ordinaire.

Il feint, dans ce petit ouvrage, qu'il visite la cour d'Apollon. De là il prend occasion de passer en revue et de juger tous les poëtes de son temps. En général, il les loue ; néanmoins on s'aperçoit souvent que ses éloges sont ironiques ; mais comme presque tous les auteurs cités dans ses vers sont aujourd'hui entièrement ignorés, nous ne pouvons guère mieux sentir ses plaisanteries, que plusieurs satires de Boileau sur Cotin et tant d'autres inconnus. A propos de Boileau, un assaut que les mauvais poëtes livrent au Parnasse, a fait penser à quelques personnes que le satirique français a pu y trouver l'idée de la bataille du *Lutrin*. Mais ce que l'on remarque dans le *Voyage au Parnasse*, comme dans tous les ouvrages de Cervantes, c'est une peinture de son caractère aimable et ferme à la fois, c'est sa gaieté qui ne l'abandonne jamais dans le malheur. Dans un épisode, il fait assez plaisamment allusion à sa pauvreté. Introduit dans la cour plénière d'Apollon, il ne peut trouver un siége vide ; tous sont occupés par les poëtes ses confrères. Cervantes en demande un et expose ses titres pour l'obtenir. « Hé bien, dit le dieu, plie » ton manteau, et assieds-toi dessus. — Mais, Sire, » lui répondis-je, daignez faire attention que je » n'ai pas de manteau. — Ton mérite, me dit Apol- » lon, sera ton manteau ; et je restai debout. » Un joli dialogue en prose, à la manière de Lucien, est imprimé à la suite de ce petit poëme dont les vers sont, sans aucun doute, les plus élégants qui soient sortis de la plume de notre auteur.

Cervantes s'était aperçu de bonne heure que sa maladie était sans remède. La mort lente et sans gloire qui termine de longues souffrances, le trouva tel qu'il était sur les vaisseaux de Colonna, ou dans le bagne d'Arnaute Mami. Écoutons-le parler lui-même de sa maladie dans le prologue de *Persiles et Sigismunda*, roman publié par sa veuve, en 1617.

« Il advint, cher lecteur, que deux de mes amis » et moi, sortant d'Esquivias (lieu fameux à tant » de titres, pour ses grands hommes et ses vins), » nous entendîmes derrière nous quelqu'un qui trot- » tait de grande hâte, comme s'il voulait nous » atteindre, ce qu'il prouva bientôt en nous criant » de ne pas aller si vite. Nous l'attendîmes ; et » voilà que survint, monté sur une bourrique,

» un étudiant tout gris, car il était habillé de gris
» des pieds à la tête. Il avait des guêtres, des
» souliers tout ronds, une longue rapière et un
» rabat sale, attaché par deux bouts de fil. Il est
» vrai qu'il s'en ressentait, car le rabat lui tombait
» de côté à tout moment, et il se donnait beaucoup
» de mal à le rajuster. Arrivé auprès de nous, il
» s'écria : Si j'en juge au train dont elles trottent,
» Vos Seigneuries s'en vont, ni plus, ni moins, pren-
» dre possession de quelque place ou de quelque
» prébende à la cour, où sont maintenant Son
» Éminence de Tolède et Sa Majesté. En vérité,
» je ne croyais pas que ma bête eût sa pareille
» pour voyager. Sur quoi répondit un de mes
» amis : La faute en est au roussin du seigneur
» Miguel Cervantes, qui allonge le pas. A peine
» l'étudiant eut-il entendu mon nom, qu'il sauta
» brusquement à bas de sa monture, jetant d'un côté
» son coussinet, et de l'autre son porte-manteau,
» car il voyageait avec tout cet appareil. Puis il
» m'accrocha et me saisissant le bras gauche, il
» s'écria : Oui, oui, le voilà bien ce glorieux man-
» chot, ce fameux tout, cet écrivain si gai, ce con-
» solateur des muses ! Moi, qui, en si peu de mots,
» m'entendais louer si galamment, je crus qu'il y

» aurait peu de courtoisie à ne pas lui répondre
» sur le même ton. Le prenant donc par le cou,
» pour l'embrasser, j'achevai d'arracher son rabat,
» et je lui dis : Vous êtes dans l'erreur, monsieur,
» comme beaucoup d'autres honnêtes gens. Je suis
» bien Cervantes, mais non le consolateur des mu-
» ses, et je ne mérite aucun des noms aimables que
» Votre Seigneurie veut bien me donner. Tachez de
» rattraper votre bête, et cheminons en causant
» pendant le peu de chemin qui nous reste à faire.
» On vint à parler de ma maladie, et le bon étu-
» diant me désespéra en me disant : C'est une hy-
» dropisie, et toute l'eau de la mer océane ne la
» guérirait pas, quand même vous la boiriez goutte
» à goutte. Ah ! seigneur Cervantes, que Votre Sei-
» gneurie se règle sur le boire, sans oublier le man-
» ger, et elle se guérira sans autre remède. Oui,
» répondis-je, on m'a déjà dit cela bien des fois ;
» mais je ne puis renoncer à boire quand l'envie
» m'en prend ; et il me semble que je ne sois né
» pour faire autre chose de ma vie. Je m'en vais
» tout doucement, mon pouls me le dit : s'il faut
» l'en croire, c'est dimanche que je quitterai ce
» monde. Vous êtes venu bien mal à propos pour
» faire ma connaissance, car il ne me reste

» guère de temps pour vous remercier de l'intérêt
» que vous me portez. Nous en étions là quand
» nous arrivâmes au pont de Tolède. Je le passai,
» et lui entra par celui de Ségovie. Je l'embrassai,
» il m'offrit ses services, puis il piqua son âne et
» continua son voyage, chevauchant d'un air fier,
» et me laissant fort triste et peu disposé à profi-
» ter de l'occasion qu'il m'avait donnée d'écrire
» des plaisanteries. Adieu, mes joyeux amis ; je me
» meurs, et je désire vous voir bientôt tous contents
» dans l'autre vie. »

Cervantes n'avait que trop bien jugé son mal.
L'hydropisie fit des progrès effrayants ; mais la faiblesse de son corps faisait d'autant plus paraître la
force de son âme. Le 18 avril 1616, il reçut les sa-
crements. Le lendemain, il dicta la dédicace de
Persiles et Sigismunda, au comte de Lemos, alors
en Italie : La voici :

« A Don Pedro Fernandès de Castro,
» comte de Lemos.

» Cette ancienne romance, qui fut célèbre dans
» son temps, et qui commence par : *Le pied dans*
» *l'étrier*, me revient à la mémoire, hélas ! trop na-

» turellement, en écrivant cette lettre ; car je puis
» la commencer à peu près dans les mêmes termes.

» *Le pied dans l'étrier, en agonie mortelle, sei-*
« *gneur, je t'écris ce billet.*

» Hier ils m'ont donné l'extrême-onction, et
» aujourd'hui je vous écris. Le temps est court :
» l'agonie s'accroît : l'espérance diminue, et avec
» tout cela je vis, parce que je veux vivre assez de
» temps pour baiser les pieds de V. E. [1], et
» peut-être que la joie de la revoir en bonne santé,
» de retour en Espagne, me rendrait la vie. Mais
» s'il est décrété que je doive mourir, la volonté
» du Ciel s'accomplisse ; que du moins V. E. con-
» naisse mes vœux ; qu'elle sache qu'elle perd en
» moi un serviteur dévoué, qui aurait voulu lui
» prouver son attachement, même au delà de la
» mort. Cependant comme en prophétie, je me
» réjouis de l'arrivée de V. E., je vois le peuple
» saluant votre retour avec joie ; je vois accomplies
» les espérances que m'avait fait concevoir la ré-
» nommée de vos bontés. J'ai encore sur la cons-
» cience quelques fragments des *Semaines du Jardin,*
» et du *Grand Bernard.* Si par aventure ou plutôt
» par miracle, le Ciel me donne la vie, V. E. verra

1. Terme de politesse assez ordinaire.

» ces ouvrages, avec la fin de la *Galatée*, pour la-
» quelle je sais que V. E. s'intéresse.

» Sur quoi je prie Dieu de conserver V. E., ainsi
» qu'il le peut.

» Madrid, 19 avril 1616. »

Quatre jours après cette lettre, le **23** avril, Cervantes mourut âgé de soixante-sept ans. Il conserva sa connaissance jusqu'au dernier moment. Ses obsèques se firent sans pompe, et il fut enterré, suivant son intention, dans le couvent des religieuses de la Trinité. Son tombeau est confondu avec les autres, et jusqu'à présent on n'a fait aucune recherche pour montrer à ses compatriotes et aux étrangers le lieu où gît ce grand homme.

Sa veuve publia l'année suivante les *Travaux de Persiles et Sigismunda*; c'est le seul des ouvrages cités dans sa préface qui ait été imprimé; les autres ont été perdus. Il s'était proposé d'imiter *Théagène et Chariclée*, d'Héliodore. Dire qu'il a souvent surpassé son modèle, est le seul éloge que l'on puisse faire de ce roman, que, par un étrange aveuglement, il estimait lui-même beaucoup plus que son *Don Quichotte*. Des événements improbables, des épisodes entassés sans goût et sans mesure, fatiguent le lecteur qui, dans quatre gros volumes, ne trouve à relire que l'histoire de Ruperta. Était-ce à des imitations d'Héliodore que Cervantes devait abaisser son génie ?

1826

II

VICTOR JACQUEMONT

I

Mai 1833.

Monsieur,

Vous m'avez demandé quelques détails sur la
trop courte carrière de mon ami Victor Jacquemont,
qui vient de périr si malheureusement dans l'Inde,
presque au terme du périlleux voyage qu'il avait
entrepris. Sa famille va faire imprimer sa correspondance; mais, en attendant la publication de cet
ouvrage, qui ne peut manquer d'exciter un puis-

sant intérêt, je vais chercher à vous donner une idée du voyage de Jacquemont, et des difficultés sans nombre qu'il a surmontées.

En 1828 il fut attaché au Jardin-des-Plantes en qualité de voyageur naturaliste, et chargé d'une mission dont le but était de recueillir, pour cet établissement, des objets d'histoire naturelle, et particulièrement de former des collections relatives à la géologie et à la botanique.

S'il n'eût été qu'à Delhi, ou même à Calcutta, et qu'il se fût occupé dans ces villes anglaises à rassembler des documents scientifiques, Jacquemont aurait déjà rendu un immense service à la science, mais il voulait faire plus ; c'est vers le nord de l'Inde que ses projets de voyage étaient dirigés. Les difficultés d'une expédition semblable avaient découragé les voyageurs les plus entreprenants, mais il sentait en lui cette persévérance et ce courage auquel tous les obstacles doivent céder.

L'Inde est encore peu connue ; bien que les Européens y possèdent depuis longtemps des établissements considérables, on n'a que des renseignements incomplets sur l'histoire naturelle de cette vaste contrée, et seulement sur la partie occupée par les Anglais. On peut dire que le nord est tout à fait inconnu aux savants. Quelques voyageurs, la plupart des militaires au service de la Compagnie, se sont avancés, il est vrai, dans différentes directions au nord des possessions anglaises, mais leurs expéditions ont été sans résultats pour les sciences par suite du défaut de connaissances des voyageurs, et surtout par la brièveté forcée de leurs excursions.

Les domaines de la Compagnie sont bornés au nord par l'empire chinois, dont l'entrée est interdite à tout étranger, et au nord-ouest par le Pendjab. Les montagnes de l'Himmalaya, qui séparent le Thibet et la Tartarie de l'Inde, et qui s'étendent jusque dans le Pendjab, sont habitées par des hordes barbares, en état de guerre perpétuelle contre leurs voisins. Là, tout homme entreprenant qui peut réunir autour de lui une centaine de bandits ne reconnaît plus de maître, et peut, comme Attila, se nommer l'ennemi des hommes.

C'est la structure de ces montagnes et leurs productions que Jacquemont voulait étudier. Lorsqu'il partit, les uns lui annonçaient qu'il serait obligé de renoncer à son grand projet; d'autres lui donnaient des conseils sur la manière de l'exécuter. Voici comment, parvenu dans ces lieux réputés inaccessibles, Jacquemont s'exprimait sur son entreprise :

« Il serait absolument impossible à un Européen de mon métier de voyager en ce pays à d'autres conditions que celles auxquelles j'y suis venu. Je me souviens de certains conseils qui me furent donnés avec bienveillance, par des gens qui avaient vu un petit coin de l'Orient; rien n'était plus facile, suivant eux, que de traverser avec un lourd bagage toute l'Asie. On se mêle aux caravanes de marchands, etc., etc. Tout cela est du roman. Les marchands vont, il est vrai, à peu près partout (toutefois de Cachemyre à Téhéran, et même à Masched, ils vont par Lahore, Delhi, Bombay, Bouschir, Shiraz, etc., sans passer, et pour cause, par le Caboulistan). Si les petits princes orientaux ne les volent qu'avec ménagement, c'est qu'ils sont de revue; si on leur laisse quelques-uns des profits de leur commerce, c'est qu'ils sont, pour les chefs sur le territoire desquels ils passent, comme la poule aux œufs d'or de l'avare : il y en a peu d'assez fous pour la tuer. Mais celui qui passe et ne doit pas repasser est dépouillé de sa dernière guenille. Les voyageurs européens n'ont pas, comme de raison, de privilége à réclamer.

» La justice, dans celui qui a la force d'être injuste, passe pour un miracle dans ce pays. Dans toute la vice-royauté de Cachemyre, il n'y a aucune espèce de tribunal pour accorder avec une sorte d'é-quité les querelles privées ; mais, depuis un mois, il m'est venu plusieurs fois, et de loin, des gens qui voulaient m'avoir pour arbitre. On parle de mon *adaoloutte* (justice), et cela me plaît infiniment. »

Jacquemont écrivait cette lettre dans les montagnes de Cachemyre, où il était parvenu après d'incroyables fatigues. Parti de France au milieu de l'année 1828, il s'était d'abord rendu à Calcutta, où il avait été parfaitement accueilli par le gouverneur général, lord William Bentinck, dont la puissante amitié lui fut souvent utile. Il avait séjourné à Calcutta le temps nécessaire pour se perfectionner dans les langues persane et hindoustani, sans lesquelles il lui eût été impossible de tirer aucun fruit de son voyage, enfin pour recueillir tous les renseignements indispensables sur les mœurs et les usages des pays qu'il allait traverser. Il se dirigea ensuite vers Delhi, d'où il partit pour le haut Himmalaya et le Thibet. Cette exploration ne peut manquer d'avoir les résultats les plus avantageux pour

les sciences. La formation géologique de l'Himmalaya était un problème dont la solution paraissait
devoir être ajournée jusqu'à une époque fort éloignée. Les collections recueillies sur ces montagnes
par Jacquemont vont faire cesser bien des incerti-
tudes, et détruiront sans doute bien des hypothèses.
Combien il est à regretter qu'il ne puisse publier
lui-même le résultat de ses immenses travaux!

Après avoir pénétré à quelques journées dans
les possessions chinoises, Jacquemont revint à Delhi
pour y mettre en ordre ses collections, et en repartir bientôt pour entrer dans le Pendjab. Rundjet-
Singh, roi de ce pays, le seul prince indien dont
les Anglais n'aient point envahi les États, ou qu'ils
n'aient pas forcé d'accepter leur protection, reçut
Jacquemont comme Charlemagne pouvait accueillir
les savants envoyés par le calife Haroûn-Al-Raschid.
Rundjet-Singh parut oublier, à l'égard de Jacquemont, la défiance soupçonneuse des Orientaux; il
le traita avec la plus grande distinction, lui fit de
riches présents et lui fournit tous les moyens de
parcourir ses États avec autant de sécurité qu'il
est possible dans une contrée habitée par un grand
nombre de petits princes qui contestent l'autorité du
souverain nominal.

Après un long séjour à Lahore et à Cachemyre, et après plusieurs longues excursions dans les montagnes et dans les vallées de ce royaume, Jacquemont rentra dans les possessions de la Compagnie. Il s'arrêta d'abord à Poonah, où il fut quelque temps malade ; il se rétablit pourtant assez pour continuer son voyage ; mais sa santé se ressentait des fatigues extraordinaires qu'il avait endurées. Le changement subit de climat avait développé en lui les germes de la maladie de foie si funeste pour les Européens. Déjà les forces de son corps étaient épuisées, et il n'était plus soutenu que par l'énergie extraordinaire de son âme.

En quittant Poonah, il voulut voir l'île de Salsette ; la chaleur dévorante et les miasmes pestilentiels de ses forêts achevèrent de ruiner sa constitution. Il s'aperçut, mais trop tard, que le coup fatal était porté. Il arriva à Bombay à la fin d'octobre 1832 ; le lendemain de son arrivée il fut obligé de s'aliter. Alors, avec son sang-froid ordinaire il se prépara à la mort. Son premier soin fut de pourvoir à la conservation de ses collections et de ses manuscrits ; il fit ensuite ses adieux à sa famille dans une lettre où il paraît oublier ses souffrances pour consoler ceux que sa mort allait plonger dans la désolation. Enfin, après trente jours de maladie, il succomba à Bombay, à l'âge de trente et un ans, le 7 décembre 1832. Pendant toute la durée de sa maladie, il reçut les soins les plus touchants de plusieurs Anglais qui ne le connaissaient que de réputation, et qui cependant furent pour lui comme d'anciens amis.

Jamais homme ne fut plus propre que Jacquemont à remplir la périlleuse mission dont il était chargé ; ses connaissances nombreuses et variées, son goût pour le travail, son amour pour la science, surtout sa présence d'esprit dans les circonstances les plus difficiles, ces qualités nécessaires dans un voyageur, il les possédait toutes. Le courage était chez lui comme instinctif ; il n'avait point de vaine témérité, mais il admettait à peine l'existence des dangers.

C'est qu'il n'en avait jamais rencontré qui pussent jeter du trouble dans son âme.

Je n'essaierai pas de vous faire connaître Victor Jacquemont. Rigide pour lui-même et plein d'indulgence pour les autres, malgré un tact exquis pour découvrir le ridicule, il me représentait le philosophe stoïque de Lucien, son Ménippe, mais un Ménippe plein de bonté et d'une vraie sensibilité.

Son voyage, ses travaux scientifiques, rendront son
nom célèbre parmi les savants ; ses amis n'oublie-
ront jamais la grâce et la verve de son esprit, la
noblesse de son caractère et son dévouement à ceux
qu'il aimait.

II

Paris, le 20 octobre 1867.

Cher monsieur Michel Lévy,

Vous me demandez une notice biographique
sur Victor Jacquemont pour l'édition de sa *Correspondance inédite* que vous préparez [1]. J'y ai quelques

---

1. Ce morceau a servi d'introduction à la *Correspondance
inédite* de Victor Jacquemont, 2 vol. in-8, 1867. Le fragment
qui la termine : *Dialogue véritable*, avait paru pour la première fois en juillet 1833 dans la *Revue de Paris*, accompagné
de la lettre suivante :

AU DIRECTEUR DE LA REVUE DE PARIS.

Monsieur,

Je vous envoie le dialogue ci-joint, trouvé dans les papiers
que feu Victor Jacquemont avait laissés à Bombay, et qui

objections. Et d'abord, pour le bien connaître, ses lettres ne suffisent-elles pas amplement? Mort à trente-deux ans, Victor Jacquemont n'a pas laissé matière à ce qu'on appelle une biographie. Ses recherches assidues, ses efforts incessants pour rassembler les matériaux d'un grand travail scientifique, son long et périlleux voyage, voilà sa vie. Il la raconte à ses amis mieux que personne ne pourrait le faire. Pour moi, je crois inutile, je ne sais même s'il serait convenable, d'entretenir le public d'un certain nombre de faits sans importance, d'anecdotes d'un caractère tout à fait privé, qu'une longue intimité avec sa famille et lui ont pu m'apprendre. Je ne veux pas cependant que vous m'accusiez de paresse, et, pour vous prouver ma bonne volonté, je vais essayer de vous dire quelques mots de son caractère et de ses habitudes. En entrant dans un salon, l'homme le plus aimable a besoin qu'on

viennent d'arriver en France. Son père m'a permis de le publier. Vous y trouverez sans doute, comme moi, un portrait frappant de cette espèce de miss que lord Byron détestait si cordialement, et qu'il a si bien ridiculisée. Le manuscrit de Jacquemont paraît avoir été écrit très-vite et de mémoire; je ne doute pas que la conversation singulière qu'il rapporte n'ait eu lieu effectivement.

Agréez, etc.

Pr. MÉRIMÉE.

le présente. Je vais présenter Victor Jacquemont à ceux qui n'ont encore rien lu de sa *Correspondance*. Ceux qui connaissent les précédentes éditions feront bien de passer cette Introduction et de commencer par la lettre première.

Victor Jacquemont était très-grand ; il avait cinq pieds dix pouces, et sa taille paraissait d'autant plus haute qu'il était maigre et avait la tête petite. De longs cheveux châtain obscur et bouclés naturellement lui couvraient le front en partie. Il avait les yeux gris foncé, et, comme il avait la vue très-basse, on trouvait quelque chose de vague dans son regard. Quant à l'expression de sa physionomie, elle variait tellement, qu'il était difficile de la définir, et les avis à ce sujet étaient très-partagés ; les uns lui trouvaient l'air ouvert et prévenant, d'autres prétendaient qu'il avait une mine hautaine et de mauvaise humeur. Pour ma part, j'aurais eu assez médiocre opinion de ceux qui portaient ce dernier jugement, et j'en aurais conclu que Jacquemont s'était ennuyé avec eux. En effet, je n'ai connu personne aussi peu habile que lui à cacher les sentiments qu'il éprouvait. Autant il était aimable et causeur charmant avec les gens qui lui plaisaient, autant il se montrait ta-

citurne et distrait avec ceux qui lui inspi-
raient quelque répugnance. Avec les premiers, il
déployait une sorte de coquetterie aimable, « Il
faisait des frais », pour me servir d'une de ses
expressions, et il réussissait sans peine à les inté-
resser et à gagner leur confiance. Les autres voyaient
trop clairement qu'ils l'ennuyaient, et le prenaient
en grippe.

Je vais vous donner un exemple de cette espèce de
séduction qu'il exerçait, pour ainsi dire, à la première vue. Avant de partir pour l'Inde, il dut aller en
Angleterre afin de s'y procurer des lettres de recommandation, sans lesquelles il lui eût été à peu près
impossible de voyager dans les vastes domaines de
l'honorable Compagnie. Il apportait à Londres des
recommandations du ministre des affaires étrangères, des professeurs du Jardin-des-Plantes, des
principaux membres de l'Académie des sciences.
On lui donna sur-le-champ des passe-ports et des
lettres pour les autorités, et quelques dîners en
outre. Il était déjà reparti pour Paris, lorsqu'un
des directeurs de la Compagnie alla trouver M. Sut
ton Sharpe, membre distingué du barreau anglais
et fort ami de Victor Jacquemont. « Pourriez-vous,
lui dit-il, me donner votre parole de gentleman

que votre ami n'est pas un espion du gouvernement
français? — Assurément! s'écria Sharpe. Mais
pourquoi cette question? — Parce que s'il en est
ainsi, je vais vous donner une lettre de recommandation pour lui. — Mais vous lui en avez déjà
donné une douzaine pour des officiers de la Compagnie. — Oui, des lettres comme on en donne
quelquefois; maintenant, il en aura comme on
n'en donne jamais. » Jacquemont n'avait vu que
deux fois ce directeur obligeant et soupçonneux.

Son procédé pour plaire consistait à ne rien cacher de ses idées et de ses sentiments, à être parfaitement naturel. Peu de gens sont insensibles à
cette franchise, lorsqu'elle est accompagnée d'un
esprit original et d'une solide instruction. Je l'ai
quelquefois entendu accusé de penchant pour le
paradoxe. A mon avis, ce n'était nullement son défaut. Au contraire, dans toute discussion où il prenait part, il était, ou du moins croyait être du
côté de la vérité; mais il donnait souvent à sa
pensée un tour singulier, auquel pouvaient se mé-
prendre ceux qui font plus d'attention à la forme
qu'au fond. Le charme de son esprit était précisément de n'être jamais ni cherché ni apprêté. J'a-
jouterai que le timbre remarquablement agréable

de sa voix était peut-être pour quelque chose dans ses succès de conversation. Je n'ai jamais entendu de voix plus naturellement musicale. Quand je l'entendais parler, je me rappelais ces vers de Shakspeare :

> « Oh ! it came on my ears like the sweet south
> That breathes upon a bank of violets[1]. »

Je ne veux pas oublier ses défauts. La bêtise — la sottise surtout — l'irritait d'une manière étrange. Il ne pouvait la supporter et s'en indignait. Beyle, qui, bien que très-intolérant lui-même en cette matière, gardait toutefois plus de ménagement, lui reprochait d'en vouloir sérieusement à des gens qui avaient le malheur d'être bêtes. « Croyez-vous donc, ajouta-t-il, qu'ils le fassent exprès? — Je n'en sais rien, » dit Jacquemont d'un ton farouche. Il eût été de l'avis de M. de M..., qui soutenait que le mauvais goût mène au crime.

Je n'ai jamais connu de cœur plus vraiment sensible que celui de Jacquemont. C'était une nature aimante et tendre, mais il apportait autant de soin à cacher ses émotions que d'autres en mettent

1. « Sa voix arrivait à mon oreille comme le doux vent du midi qui murmure en passant sur un lit de violettes. »

à dissimuler de mauvais penchants. Dans notre jeunesse, nous avions été choqués de la fausse sensibilité de Rousseau et de ses imitateurs. Il s'était fait une réaction exagérée, comme c'est l'ordinaire. Nous voulions être forts, et nous nous moquions de la sensiblerie. Peut-être Victor cédait-il involontairement à cette tendance de sa génération. Je crois pourtant que ses dehors d'impassibilité tenaient moins à une mode qu'à une conviction. Il était stoïcien dans toute la force du terme, non par nature, mais par raisonnement, et, s'il ne niait pas la douleur, il croyait qu'un homme devait toujours trouver en lui la force de la supporter ; en outre, qu'il devait s'exercer sans cesse à se vaincre lui-même. Plus d'une fois j'ai assisté à des combats entre ses nerfs et sa volonté, et je crois que la victoire lui coûtait cher.

Il tenait de son père ce pouvoir de dominer ses émotions, et ce n'était pas leur seul point de ressemblance. Le dernier jour qu'il passa à Paris, je dînai avec lui, son père et son frère Porphyre. Le repas fut loin d'être gai; mais un étranger ne se serait pas douté, je pense, que cette famille si unie allait se séparer pour longtemps d'un de ses membres. Lorsque l'heure du départ fut venue,

Victor embrassa son père en lui disant : « Je compte que vous aurez soin de vous. Évitez les rhumes. — N'aie pas peur ; donne-nous de tes nouvelles quand tu pourras, » répondit le père en ôtant ses lunettes et en prenant un volume de Walter Scott qu'il lisait alternativement avec quelque ouvrage de métaphysique. Une vieille servante fondait en larmes. Victor descendit l'escalier un peu plus vite qu'à l'ordinaire. Lorsqu'il fut installé dans la malle-poste de Brest, il me prit la main et me dit d'une voix aussi ferme qu'il put : « Vous irez le voir souvent... » Il était si jeune, sa santé me semblait si robuste, il y avait en lui un si heureux mélange de détermination et de prudence, que pas un pressentiment sinistre ne me vint à l'esprit.

Cette insensibilité de commande, qui, d'ailleurs, ne faisait illusion qu'à ceux qui ne le connaissaient pas intimement, était beaucoup plus apparente dans sa conversation que dans ses lettres. Le contraste m'a souvent surpris. Mais d'abord Jacquemont ne s'est jamais douté que ses lettres seraient lues par d'autres que ses amis. Devant une feuille de papier, il n'avait pas l'inquiétude de surprendre un sourire ironique répondant à un mouvement de sensibilité. Seul, il n'avait plus de mauvaise honte. Probablement encore, éloigné de ses amis, il était plus accessible à toutes les inquiétudes qui accompagnent une affection vraie, et il exprimait avec plus de force ses sentiments naturels.

Il ne s'était jamais occupé sérieusement de littérature. Il avait beaucoup lu, mais jamais en vue de se former le style. Jamais l'idée d'offrir au public ses pensées et ses impressions ne lui était venue à l'esprit ; je crois même qu'il y répugnait complétement. De sa part, il n'y avait ni orgueil ni modestie ; mais s'adresser au public lui eût paru aussi étrange que de parler de ses affaires à un inconnu. Je me souviens qu'à propos d'une scène d'amour dans un roman qu'on trouvait belle, quelqu'un disait que l'auteur avait si bien réussi parce qu'il racontait une aventure qui lui était arrivée : « Que penseriez-vous, dit Jacquemont, d'un chirurgien qui ferait une préparation anatomique de sa maîtresse, et l'exposerait dans le cabinet de l'École de médecine ? » Chacun se récriant d'horreur, Jacquemont dit que l'anatomiste valait pourtant mieux que l'homme de lettres : « Le roman de celui-ci n'apprendra à personne à faire l'amour, tandis que la femme disséquée sera utile aux étudiants. »

Victor Jacquemont a écrit quelques articles dans des revues sur des sujets scientifiques, un entre autres fort remarquable, en 1825 ou 1826, où il faisait le tableau des connaissances géologiques à cette époque. C'était un résumé fort exact, à ce que j'entendais dire à des savants, de tous les travaux déjà publiés en Europe. Le sujet était traité avec tant de méthode et de clarté, qu'il offrait de l'intérêt même aux gens du monde. Jacquemont me parut surpris de son succès. Il avait fait un article, comme M. Jourdain faisait de la prose, sans le savoir. Sa facilité était extraordinaire. J'ai eu entre les mains le manuscrit de son *Journal de voyage*, qui, imprimé, forme quatre volumes in-quarto. Malgré la rapidité avec laquelle il a été écrit, au jour le jour, souvent au bivac ou sous une mauvaise tente, on a peine à y découvrir quelques ratures ; et, en revoyant les épreuves, je n'ai eu à corriger que les fautes d'impression. Ce talent d'écrire bien, sans ratures, était un talent de famille. Son père n'a jamais biffé un mot, que je sache, dans ses volumineux ouvrages. Victor se servait indifféremment de la première plume venue ; tout papier lui était bon, depuis le *foolscap* anglais jusqu'aux immenses feuilles semées de paillettes d'or sur lesquelles il écrivait à Cachemyre. Son manuscrit, toujours très-lisible, ferait un spécimen curieux de toutes les variétés de papier en usage dans les Indes.

Il ne me semble pas qu'il eût pour les sciences naturelles une vocation particulière. Je crois qu'il aurait réussi dans toutes les carrières qu'il eût embrassées ; car dans toutes il aurait apporté son esprit pénétrant, ainsi que l'application et la persévérance qu'il mettait à tout ce qu'il considérait comme un devoir. Plusieurs circonstances le déterminèrent à se consacrer exclusivement à l'étude de la botanique et de la géologie.

Très-jeune encore, travaillant dans le laboratoire de M. Thénard, il faillit être empoisonné dans une expérience faite sans les précautions convenables. Sa santé en fut fortement altérée, et ne se rétablit qu'après plusieurs années d'un régime sévère. On lui avait recommandé de vivre le plus possible en plein air et de voyager à pied ou à cheval. Le remède réussit. La botanique et la minéralogie, qui d'abord n'avaient été pour lui qu'une distraction au milieu de ses courses souvent très-pénibles, devinrent bientôt l'occupation sérieuse de sa vie. Dans ses explorations, il se lia avec des naturalistes distingués, dont la conversation, mieux que tous les livres, abrégea pour lui l'ennui des premières études. Une excellente mémoire, une heureuse disposition à bien observer, comparer, analyser les objets qui passaient sous ses yeux, lui firent faire de rapides progrès et prendre un intérêt véritable à ce qui n'avait été d'abord qu'un amusement pour sa solitude. En même temps, il étudiait la médecine, plutôt avec une curiosité philosophique qu'en vue d'en faire un jour sa profession, car il y trouvait deux objections considérables : en premier lieu, l'incertitude de la science et la responsabilité qu'on ne peut éviter d'encourir dans la pratique, où les erreurs sont très-faciles ; puis le charlatanisme à peu près inévitable, peut-être même nécessaire au succès du médecin, répugnait complétement à sa nature fière, honnête et vraie. Il se dit qu'en se livrant tout entier à l'étude des sciences naturelles, il n'aurait ni à redouter des distractions dangereuses, ni à s'occuper de se faire une clientèle, et que cependant il pourrait être utile.

Être utile était pour lui un principe absolu dont il était pénétré et dont il n'admettait plus l'examen. Esclave de ce qu'il considérait comme le premier devoir de l'humanité, il tenait pour coupable celui qui ne faisait pas emploi pour le bien général des facultés qu'il possédait. Cette opinion était chez lui le résultat d'un instinct généreux beaucoup plus que d'un raisonnement philosophique, encore moins d'une croyance religieuse, car en bien d'autres matières il était complétement sceptique.

En partant pour l'Inde, il ne se dissimulait pas qu'il allait employer les plus belles années de sa vie seulement à recueillir des matériaux qu'à son retour il aurait à mettre en œuvre. Bien qu'il ne fût pas insensible à la gloire, il ne se faisait pas d'illusion sur celle qu'il pouvait espérer. « Le mérite d'un savant, disait-il, demeure toujours à peu près incompréhensible à la foule. Elle n'y croit que sur le passe-port que lui donnent quelques savants patentés; mais leurs arrêts sont bien incertains. Beaucoup, par jalousie, maltraitent ceux qui se distinguent; et, parmi les plus honnêtes, il y en a peu qui voient avec plaisir qu'on découvre quelque chose de nouveau dans le sentier qu'ils ont parcouru. Combien plus heureuse est la carrière d'un homme de lettres ! C'est à tout le public qu'il s'adresse; tout le monde le comprend et peut l'apprécier, sans aller demander l'opinion de tel ou tel juge plus ou moins suspect. Mais l'homme de lettres est-il aussi utile que le savant? L'inconnu qui inventa la hache ou la scie n'a-t-il pas plus de droits qu'Homère à notre reconnaissance? » Quant à la fortune, Jacquemont savait qu'il n'en prenait pas le chemin; mais il n'estimait l'argent que pour la liberté qu'il donne. Avec ses goûts simples et son mépris pour les jouissances de vanité, il ne demandait qu'à s'assurer une existence de philosophe.

III

HENRI DE GUISE

1550 — 1588

Henri de Guise naquit en 1550. Il porta d'abord
le nom de comte de Joinville. Son père, François,
était le fils aîné de Claude de Lorraine, maréchal
de France et duc de Guise, lequel était lui-même
le cinquième fils de René II, duc de Lorraine.

Henri, âgé de treize ans, faisait ses premières
armes à ce siége où son père perdit la vie, assassiné par Poltrot. Il voua dès lors une haine à mort
au chef du parti protestant, l'amiral Coligny, et
n'attendit qu'une occasion favorable pour lui en
faire éprouver les effets.

La paix de 1563 l'obligea d'ajourner ses projets de vengeance. L'héritier du nom de Guise ne pouvait rester inactif lorsqu'il y avait guerre dans une partie de l'Europe. Il alla combattre les Turcs en Hongrie, et dans cette campagne il montra l'espèce de courage la plus rare dans un jeune homme et dans un Français. Il demeurait calme en face des dangers, et le tumulte d'un champ de bataille semblait doubler les ressources de son esprit.

La guerre civile, rallumée par les protestants, le ramena en France. Il se signala à la bataille de Jarnac, où le prince de Condé fut tué ; au siége de Poitiers, qu'il défendit avec succès contre l'amiral ; à Moncontour, — enfin au combat de Dormans, où il fut grièvement blessé d'un coup de feu à la joue. C'est de cette blessure, qui laissa une profonde cicatrice, qu'il prit le surnom de *Balafré*, sobriquet qui, pour une cause semblable, avait été également donné à son père François.

A dix-neuf ans, Henri, par le souvenir des exploits de son père, la puissance de sa famille, et sa valeur personnelle, se trouvait à la tête d'un parti considérable. Il se composait surtout des fanatiques qui voulaient exterminer l'hérésie en France, et qui ne voyaient dans la paix accordée

aux protestants qu'une concession honteuse, preuve
de la faiblesse du roi et de son indifférence pour
les intérêts de la religion catholique. L'expérience
et la connaissance des hommes s'acquièrent vite
dans un temps de trouble et dans une position élevée; Henri, malgré sa jeunesse, ne parut pas au-
dessous du rôle qu'il était appelé à jouer. Habile à
dissimuler, prodigue de ses richesses pour se faire
des créatures, prudent et circonspect dans sa conduite, mais suivant toujours avec persévérance ses
projets ambitieux, il eut toutes les qualités d'un
chef de parti. Il aspirait au trône, et il y serait
sans doute parvenu s'il eût vécu dans un temps où
le respect des races royales eût été moins enraciné
dans l'esprit des masses.

Cromwell, au début de sa carrière, disait souvent : « Je ne sais pas encore tout ce que je veux. »
Jusqu'à ce que les circonstances lui offrent une
route bien nettement tracée, l'ambition essaie des
sentiers différents, qu'elle abandonne tour à tour
en reconnaissant qu'ils sont ou trop détournés ou
bien inaccessibles. Le duc de Guise, que le retour
de la tranquillité obligeait à un repos forcé, chercha
autre part que dans la guerre le moyen d'accroître
sa puissance. C'était un des plus beaux hommes de

son temps. Il plut à Marguerite, sœur du roi Charles IX, et se flatta quelque temps de pouvoir l'épouser. Cette alliance l'aurait amené bien près du trône. Mais Charles avait d'autres desseins sur sa sœur ; il savait en outre le danger d'élever un sujet trop à son niveau. Il menaça le duc de Guise de sa colère et le força d'abandonner son projet.

La paix, qui interrompait pour peu de temps les guerres civiles, n'était, à vrai dire, qu'une trêve arrachée à l'épuisement des deux partis, et qu'ils n'observaient que jusqu'au moment où ils se croyaient assez forts pour la rompre. En 1570, la paix fut jurée *du bout des lèvres,* pour me servir de l'expression de d'Aubigné. Cette paix était la troisième, mais il était facile de prévoir qu'elle ne serait pas la dernière. Catholiques et protestants avaient fait des pertes à peu près égales, sans que les uns ou les autres eussent obtenu une supériorité décidée. Les premiers étaient plus nombreux, mais leurs adversaires comptaient dans leurs rangs les familles les plus riches et les plus influentes de la France.

Charles IX et sa mère, la fameuse Catherine, ne partageaient certainement pas le fanatisme religieux de la plupart de leurs sujets. Les chefs des deux factions rivales leur étaient également suspects, également odieux. La politique du roi avait été de pencher alternativement pour l'un ou pour l'autre, d'empêcher surtout l'anéantissement de l'un des deux partis, n'espérant que dans leur division pour conserver l'autorité royale. Pendant la vie du duc François, l'ascendant de ce grand capitaine alarma Catherine, et l'obligea à favoriser en secret les protestants. Après la mort de François, son fils, à cause de sa jeunesse, n'inspirait plus les mêmes craintes, et Coligny devenait l'homme le plus dangereux pour le roi. La force ouverte n'avait pas réussi ; il fallut temporiser pour essayer de la trahison. Le roi attira à Paris l'amiral et les principaux seigneurs calvinistes, et parvint à endormir leur méfiance à force de caresses et de bons procédés. Rien ne prouve que l'exécrable massacre du 24 août 1572 ait été préparé de longue main, mais tout porte à croire que Coligny, et probablement quelques seigneurs influents de son parti, étaient depuis longtemps condamnés en secret. Le duc de Guise, devinant peut-être les projets de la cour du Louvre, ne perdait pas de vue l'ennemi de sa famille. Adoré du peuple de Paris, disposant d'un grand nombre de gentilshommes dévoués, il s'appliquait à entretenir la haine des Parisiens contre les protestants, qui deux fois s'étaient approchés en ennemis de leurs murailles.

Tout d'un coup, au moment où Coligny semblait jouir de la plus haute faveur, un misérable, nommé Maurevel, tente de l'assassiner, et le blesse grièvement d'un coup d'arquebuse. Maurevel était-il, comme on l'a cru, « l'assassin du roi ? » Était-il aposté par le duc de Guise ? Tous deux, sans doute, avaient trempé dans cet attentat. Quoi qu'il en soit, Henri parut s'en déclarer l'auteur; car il quitta Paris aussitôt, comme pour se soustraire aux poursuites. Le coup qui devait priver les protestants de leur chef était manqué. L'alarme était donnée, ils pouvaient recommencer la guerre. Les catholiques voyaient avec effroi que cette imprudente tentative allait accroître les forces de leurs adversaires. Ils entourent le roi, lui disent que sa vie est menacée, et qu'il ne peut se défendre qu'en prévenant ses ennemis. C'est de ce moment seulement que le massacre des huguenots rassemblés dans la capitale paraît avoir été résolu. Guise, revenu en secret à Paris, arme ses partisans, soulève le peuple, et lorsque les épées sont tirées, que le sang a commencé à couler, il dit au roi : « Rien ne peut arrêter la justice populaire ; si vous la désavouez, vous risquez votre couronne. » Charles IX, porté d'ailleurs par caractère aux mesures violentes et sanguinaires, fit ce que ses prédécesseurs avaient fait ; il se mit à la tête du mouvement qu'il ne pouvait empêcher.

Le premier soin du duc de Guise dans cette sanglante journée fut d'assurer sa vengeance particulière. Il présida à l'assassinat de Coligny. Il voulut voir son cadavre et le foula aux pieds ; mais lorsqu'il eut assouvi sa haine, s'il fut cruel pour ses adversaires en masse, il montra de l'humanité dans quelques cas particuliers, et plusieurs huguenots lui durent la vie.

Après ce grand désastre, les protestants demeurèrent quelque temps plongés dans un abattement stupide. Si leurs débris avaient été attaqués avec vigueur, il est hors de doute qu'ils eussent succombé presque sans résistance, mais on leur laissa le temps de se rassurer, de se réunir, et de pourvoir à la défense de la Rochelle, leur principale place de sûreté, contre laquelle on ne tenta même pas un coup de main. Ce ne fut que lorsque les habitants eurent préparé leur défense à loisir, que le frère du roi vint les assiéger. Ils se défendirent avec énergie et succès. Le prince catholique, apprenant qu'il venait d'être élu roi de Pologne, abandonna précipitamment la place qu'il désespérait de prendre, et son armée, privée de chef, ne tarda pas à lever le siége. Guise avait accompagné le prince devant la Rochelle. Alors ils paraissaient unis par une étroite amitié ; ils avaient la même tente et se traitaient avec la plus grande familiarité. Mais l'amitié des grands est toujours subordonnée aux intérêts de leur ambitition ; celle-ci ne devait pas être de longue durée.

La cour, poursuivant son systéme fit bientôt cesser les hostilités, et Charles IX mourant signa le quatrième édit de pacification. Aussitôt Henri, son frère, déjà dégoûté de son nouveau royaume, quitta furtivement la Pologne pour venir régner en France. Dès lors le duc de Guise put apercevoir clairement le but vers lequel devaient tendre tous ses efforts ; et l'accomplissement de ses projets ambitieux ne se présenta plus que dans un avenir peu éloigné.

Henri III n'avait pas d'enfant ; son frère et son successeur naturel, le duc d'Alençon, rêvait un mariage impossible avec la reine Élisabeth. Après lui il n'y avait d'autre héritier à la couronne que le roi de Navarre, prince calviniste. Mais était-il probable que le peuple qui venait de massacrer les huguenots voulût obéir à un hérétique? On commençait à se demander qui régnerait en France, si, comme il était vraisemblable, le roi et son frère mouraient sans postérité. Le duc de Guise vit qu'il n'y avait que deux hommes entre le trône et lui. Déjà, depuis plusieurs années, et à tout événement, il s'était fabriqué une généalogie qui le faisait descendre de Charlemagne. Cette invention trouvait des dupes, et l'éclat de sa gloire, aux yeux des plus fervents catholiques, légitimait son usurpation.

De retour en France, Henri III recommença à guerroyer contre les protestants, probablement pour flatter le fanatisme du peuple. Cette guerre fut malheureuse pour ses armes ; après deux ans de revers, il la termina brusquement par une cinquième paix dont les conditions furent les plus avantageuses que les réformés eussent encore obtenues. Les catholiques jetèrent les hauts cris, et l'indignation fut générale. Guise crut que le moment était favorable pour agir.

Dès l'année 1568, étant gouverneur de Champagne et de Brie, il avait organisé dans ces provinces une association dont le but apparent était de défendre la religion catholique envers et contre tous excepté *le roi et la famille royale.* Les affiliés avaient signé une formule de serment, et l'association portait le nom de sainte Ligue catholique et royale ; d'ailleurs elle était restée à peu près secrète et ne s'était pas étendue au delà des provinces dont le duc était gouverneur.

Exploitant avec adresse le mécontentement causé par la paix de 1576, Guise ranima cette association et l'étendit. Il changea aussi la formule du serment et voulut que les initiés s'engageassent à combattre tous les ennemis de la religion catholique sans acception de personnes. Elle se répandit avec une étonnante rapidité par toute la France. Paris surtout compta bientôt un grand nombre de ligueurs, gens de basse condition pour la plupart, n'ayant rien à perdre, et disposés à tout tenter.

Henri III comprit quelle allait être la puissance du duc de Guise, s'il le laissait gouverner la Ligue. Il pensa que le meilleur moyen de l'annuler c'était de se substituer à sa place. En conséquence, il signa le serment de la Ligue, s'en déclara le chef, et engagea sa cour à s'y enrôler. Cette mesure lui réussit pour le moment, tout en achevant de le déconsidérer, car il n'y avait personne qui ne fût choqué

de voir un roi se proclamer le chef d'une faction.
Mais ce qui porta un coup plus funeste à la Ligue,
ce fut le refus du pape Grégoire XIII de la sanctionner; non-seulement les ligueurs n'osèrent rien
entreprendre, mais leur association parut complétement oubliée. Huit années s'écoulèrent sans qu'elle
donnât signe de vie.

Cependant le duc de Guise ne s'endormait pas,
il cherchait et trouvait des alliés hors de France.
Il offrait de garantir la couronne des Pays-Bas à
don Juan d'Autriche, qui s'engageait de son côté à
soutenir ses prétentions au trône de France. Après
la mort de don Juan, cette négociation fut reprise
par Philippe II, qui conclut un traité du même
genre avec le duc de Guise ; en même temps celui-
ci grossissait toujours le nombre de ses partisans,
excitait le mécontentement des provinces, et ne négligeait aucun moyen pour rendre le roi odieux ou
ridicule.

Il était puissamment secondé par les fautes continuelles de ce prince, mélange indéfinissable de
tous les vices et de plusieurs vertus. Tantôt livré
aux plus honteuses débauches, tantôt affectant une
dévotion dont les pratiques ridicules semblaient mé-
prisables même aux plus superstitieux, Henri ne

paraissait pas avoir deux jours de suite le même caractère. Il était brave dans un combat, mais timide à l'excès pour les dangers qui ne se présentaient pas sous une forme bien définie à sa politique, offrait une suite de mesures contradictoires, d'imprudences et de faiblesses, sujet continuel de découragement pour le petit nombre de serviteurs qui lui restaient fidèles. Tel était le prince que Henri de Guise voulait détrôner.

Le duc d'Anjou, le seul prince du sang qui pût continuer la race des Valois, mourut le 10 juin 1584, d'un flux de sang suivant les uns, par le poison suivant les autres. Dès ce moment commença entre Henri III et le duc de Guise une lutte acharnée qui ne pouvait finir qu'avec la vie de l'un ou de l'autre. Cet événement ressuscita la Ligue. Tous les catholiques ardents jurèrent que le Béarnais ne régnerait pas en France, mais le duc de Guise ne voulait pas attendre la mort de Henri III pour mettre la couronne sur sa tête. Déjà ses émissaires ne faisaient plus mystère de ses projets. Désormais le but de la Ligue n'était plus de défendre la religion contre des dangers à venir, elle était devenue une conjuration patente contre le roi. Les plus modérés d'entre les ligueurs voulaient le déposer et l'enfermer dans un cloître, tandis que d'autres conseillaient la guerre ouverte ou l'assassinat.

Le point le plus important pour le duc de Guise était de s'assurer de la capitale. Il y envoya quelques gentilshommes dévoués pour y organiser un comité central qui devait correspondre directement avec lui, et auquel tous les ligueurs seraient tenus d'obéir. Les émissaires du duc jetaient l'or à pleines mains, secondés d'ailleurs par l'ambassadeur d'Espagne, dont le maître, Philippe II, ayant aussi des prétentions à faire valoir sur la couronne de France, comprenait bien qu'il n'y avait de chance pour lui qu'au milieu de l'anarchie générale. Le comité central fut promptement organisé ; il se composait de bourgeois, de massacreurs de la Saint-Barthélemy, de curés fanatiques, et de professeurs de l'Université. Des chefs furent donnés à tous les quartiers de Paris. On acheta des armes, on assigna des commandants militaires aux différentes subdvisions des conjurés. A cet effet, le duc envoya à Paris un grand nombre d'officiers lorrains ou espagnols, qui, au besoin, devaient guider toute cette multitude sans discipline ; en même temps le comité de Paris envoyait dans les provinces des affidés pour y organiser d'autres comités et établir des correspondances directes et régulières. La Ligue, comme un immense réseau, enveloppait toute la France, Il ne restait au roi qu'un petit nombre de soldats sur lesquels il pût compter, et l'appui incertain et timide du parti des *politiques*; on appelait ainsi tous ceux qu'effrayait l'ambition du duc de Guise, et surtout l'audace de la multitude factieuse et turbulente dont il s'entourait. Si Henri de Guise était remarquable par la suite et la constance de ses projets, son caractère offrait aussi quelques analogies avec celui de son rival par la lenteur souvent inutile qui présidait à toutes ses démarches. Il semblait se défier toujours de ses forces, ne voulait rien confier à la fortune, et ne se trouvait jamais en mesure pour tenter un coup décisif. Le modèle qu'il se proposait d'imiter, c'était Pépin d'Héristal, dont l'usurpation avait été si habilement graduée, qu'il était devenu maître absolu presque sans secousse et sans avoir besoin de recourir à la force ouverte.

Guise, avec cette disposition à temporiser, éprouva combien il est difficile de gouverner une faction. Les ligueurs, ceux de Paris surtout, étaient impatients de ses lenteurs continuelles; ils voulaient à tout moment prendre les armes, attaquer le Louvre, et tout terminer en un jour. De son côté, le duc prévoyait avec inquiétude les difficultés qu'après la victoire il éprouverait à régner sur une populace indisciplinée et à qui il devait tout; chaque jour il inventait de nouveaux prétextes pour différer l'explosion d'un complot, et retardait à dessein son arrivée à Paris, où sa dignité se serait peut-être trouvée compromise avec les amis grossiers qu'il s'était donnés. Il leur envoya son frère le duc de Mayenne, pour leur faire prendre patience autant que pour retenir leur ardeur. Mayenne devait en outre examiner de près les chances de succès que présenterait un coup de main sur le Louvre.

A peine arrivé à Paris, Mayenne fut séduit par l'audace, le nombre et la bonne volonté des ligueurs; il partagea bientôt leurs espérances, il donna les mains à leur projet. Un plan d'insurrection fut adopté. Les listes de proscription, accompagnement alors obligé de tout mouvement politique, furent dressées avec une épouvantable profusion. Mayenne donna le mot d'ordre, assigna les portes, désigna les lieux où des barricades seraient élevées, car il y a bien longtemps que les Parisiens connaissent ce moyen terrible de combattre des troupes régulières.

Mais le roi avait des espions parmi les ligueurs, au

sein même du comité central. La veille de l'exécution, des troupes fidèles garnissaient les points
principaux où les ligueurs devaient opérer. En
voyant le nombre et la contenance de ces soldats,
ils désespérèrent du succès, et pour cette fois re-
noncèrent à leur entreprise.

Mayenne, un peu honteux de son imprudence,
retourna auprès de son frère, qui tança vertement
le comité central, et en obtint la promesse de plus
de patience, surtout de plus de docilité pour l'a-
venir; d'ailleurs le roi ne sut ou ne voulut pas profiter du découragement momentané des ligueurs. Au
lieu d'arrêter les chefs du complot, qui lui étaient
connus, et de prendre vigoureusement l'offensive
contre le grand agitateur, il laissa les conjurés se
remettre de leurs frayeurs, se recruter de Lorrains
et d'Espagnols, et concerter leurs mesures avec
plus de réflexion; quant au duc, il le crut trop puissant pour essayer de le punir, ou même pour lui
faire sentir que ses projets lui étaient connus.

Henri III était alors en guerre contre le roi de
Navarre, qui l'attaquait au midi; en même temps
une armée nombreuse de reîtres envoyés par les
princes protestants d'au delà du Rhin, pénétrait en
France à l'orient, et manœuvrait pour opérer sa

jonction avec le Navarrais. Le duc de Guise, qui passait pour le plus habile capitaine du parti catholique, était désigné par toute la nation pour commander l'armée qui devait s'opposer à l'invasion des Allemands. Ce fut aussi lui que choisit Henri III ; mais il ne lui donna que peu de troupes, tandis qu'il envoyait contre le roi de Navarre son favori Joyeuse, avec une armée formidable. Il espérait que le duc de Guise serait battu, et que sa défaite, en le couvrant de honte, le déconsidérerait dans son parti.

Contre ses espérances et aussi contre les probabilités, Joyeuse fut battu et tué à Coutras, tandis que le duc de Guise obtint des succès décisifs. Par une suite de marches habiles, il voltigea autour de l'armée allemande sans se laisser entamer ; il la battit en détail, et lorsque plusieurs petits combats eurent diminué la supériorité numérique des reîtres, il les attaqua franchement et les tailla en pièces à Vimori et à Aulneau. Toute la France le nomma son sauveur, et il retourna dans son gouvernement plus puissant que jamais.

La nouvelle de ses victoires rendit aux ligueurs de Paris toute leur audace ; ils reprirent leurs projets de surprises et d'assassinat ; mais toujours trahis par les espions du roi, et désespérant de triompher sans leur chef, ils écrivirent au duc de venir se mettre à leur tête, menaçant, sur son refus, de donner un autre chef à l'union.

Cette menace fit cesser enfin ses irrésolutions, et le décida à venir à Paris. Le roi, sur la première nouvelle qu'il en avait eue, lui avait envoyé l'ordre de demeurer dans son gouvernement; mais de désobéir au roi, il s'en souciait peu ; toute la question pour lui, c'était de savoir s'il était temps de risquer une tentative qu'il n'aurait voulu entreprendre qu'à coup sûr. En effet, il était douteux que ses partisans pussent tenir tête à la garnison royale, composée de soldats aguerris. Un général habitué à une guerre régulière a peu de confiance dans une multitude indisciplinée qu'une résistance sérieuse décourage, et qui passe dans un instant d'une confiance immodérée à une terreur aveugle. Mais le sort en était jeté, et, pour me servir d'une expression du duc de Guise, « il avait tiré l'épée contre son souverain, il fallait en jeter le fourreau. » Il partit donc pour diriger lui-même la révolution qui devait lui coûter la tête ou lui donner une couronne.

Pour opérer un grand mouvement populaire, il

faut nécessairement mettre de son côté une apparence de justice, car il serait impossible d'entraîner la grande masse flottante qui décide du succès, si l'agression qu'on médite n'avait pas l'air d'être provoquée par le parti contraire. C'est cette idée qui explique la démarche singulière du duc aussitôt après son arrivée à Paris.

Il se rendit seul au Louvre, et se présenta devant le roi au moment où celui-ci venait d'apprendre qu'il avait quitté Soissons. Suivant toute apparence, son plan était d'irriter le roi, de le pousser à bout par son insolence, et de l'obliger à des menaces que ses partisans auraient ensuite exploitées. Il est vrai qu'il s'exposait beaucoup en se présentant seul devant un prince irrité, qui d'un mot pouvait faire tomber cent épées sur sa tête ; mais il avait calculé que parmi les courtisans il y en avait un grand nombre qui hésitaient, encore incertains entre la Ligue et le roi, attendant pour se décider que la victoire se déclarât pour l'un ou pour l'autre. Connaissant le caractère timide et irrésolu de Henri III, il se persuadait que ce prince ne pourrait jamais se déterminer de lui-même à un parti violent ; il espérait que sa témérité même lui imposerait ; enfin, il avait besoin de montrer de l'audace pour regagner la confiance des ligueurs, que ses lenteurs avaient un peu refroidis.

Le roi, en le voyant, s'emporta d'abord contre sa désobéissance à ses ordres; puis s'échauffant à mesure qu'il parlait, il lui reprocha vivement ses menées factieuses. Il l'accusa d'ameuter le peuple, de remplir Paris de gens sans aveu et d'étrangers suspects. « Sa patience était lassée, disait-il, et le temps était venu de faire justice des coupables. »

Un instant le duc de Guise se crut perdu; on le vit pâlir et perdre contenance, il balbutia quelques mots d'excuse. Henri, satisfait peut-être de l'avoir humilié, et fier comme tous les petits esprits d'un avantage momentané, crut en avoir assez fait, et parut se contenter de quelques protestations vagues que la position du duc lui avait arrachées; peut-être aussi la multitude rassemblée autour du Louvre, sur le bruit de l'arrivée de Guise, l'intimida-t-elle lui-même, et lui fit-elle craindre de précipiter une émeute qu'il ne pourrait plus arrêter. Le duc sortit du Louvre sans obstacles, et respira plus à l'aise au milieu de la foule qui le reconduisit à son hôtel en le saluant de ses acclamations. La garde bourgeoise de Paris vint lui demander le mot d'ordre, refusant celui du roi; des députations de toutes les corporations s'empressèrent de le complimenter et de lui faire des offres de service. Le Louvre paraissait désert auprès de son palais; enfin, l'enthousiasme du peuple, la confiance des ligueurs, les dispositions belliqueuses des Parisiens, tout lui prouva que le moment était venu de tenter un grand coup, et qu'il n'avait qu'à vouloir pour être maître de Paris.

Après plusieurs jours de pourparlers sans résultat, le roi, se repentant un peu tard d'avoir laissé échapper un ennemi qu'il tenait entre ses mains, voulut faire montre de vigueur. Le 12 mai 1588. au matin, les troupes qu'il avait réunies prirent les armes et se répandirent dans la ville pour opérer quelques arrestations et faire des visites domiciliaires chez les habitants qui cachaient des étrangers ou des dépôts d'armes. Ces vaines démonstrations n'eurent d'autre effet que d'irriter les Parisiens. Le signal de l'émeute est donné, en un instant des barricades s'élèvent, des chaînes sont tendues dans les rues, et de tous côtés sortent des maisons des gens armés pour les défendre. Les troupes royales avaient été disposées avec la plus grande imprévoyance; elles étaient dispersées, et n'occupaient que des points d'une importance se-

6

condaire; d'ailleurs, le roi, aussitôt qu'il eut connaissance du premier tumulte, retomba dans ses éternelles irrésolutions. Il défend d'attaquer, et laisse tranquillement cerner et désarmer ses soldats éparpillés au hasard. C'est en vain que d'heure en heure on lui annonce la prise de quelque poste important; en vain ses généraux le supplient de leur donner l'ordre de charger les rebelles, rien ne peut le tirer de la stupeur où il est plongé. Déjà les ligueurs avaient poussé leurs barricades jusqu'au Louvre sans qu'il eût pris un parti. Le duc de Guise cependant, qui avait laissé engager l'affaire sans y prendre part, commençait à parcourir les rues, animait le peuple par sa présence, tout en lui recommandant la modération, et faisant mettre en liberté les soldats du roi que les insurgés avaient faits prisonniers.

Vers la fin de la journée, toute la ville, à l'exception du Louvre, de la Bastille et de l'Arsenal, était au pouvoir des ligueurs. Il y avait encore au Louvre assez de troupes pour qu'on pût tenter un effort, mais le roi était trop abattu pour y songer. On dit que le duc lui fit offrir alors d'apaiser l'insurrection, à condition qu'il le désignerait pour son héritier, et le nommerait son lieutenant géné-

ral avec les pleins pouvoirs que son père François
de Guise avait eus sous François II. Henri comprit
que c'était une abdication qu'on lui demandait ; il
refusa. Mais s'il ne voulait pas soutenir les hasards
d'un siége dans le Louvre, il n'avait plus qu'un
seul parti à prendre, c'était de fuir, si toutefois il
en avait encore le moyen. A la faveur de la nuit
et du désordre, il sortit du Louvre, traversa au
galop le faubourg Saint-Honoré, et gagna Saint-
Cloud, qu'il abandonna bientôt pour chercher un
asile plus sûr à Chartres.

Cette fuite déconcerta d'abord le duc de Guise.
Il avait espéré faire le roi prisonnier et lui dicter
des conditions. Son départ dérangeait ses calculs ;
au lieu d'une émeute, c'était la guerre civile qui
venait de commencer, et quoique les chances fussent en sa faveur, il voyait avec douleur remettre
à la fortune la décision d'une entreprise dont il
avait cru le succès assuré. Ne voulant pas arborer
ouvertement l'étendard de la révolte, il reprit son
système favori de temporisation, et ouvrit des négo-
ciations avec le roi. Cependant, de tous côtés les
ligueurs s'armaient, s'emparaient des villes, ache-
taient les gouverneurs et embauchaient les soldats;
en même temps, pour s'assurer encore davantage

Paris, le duc de Guise faisait changer la plupart des officiers de la garde bourgeoise et les remplaçait par des créatures de sa maison ; en un mot, il prenait toutes les mesures capables de lui assurer la victoire s'il était obligé d'avoir recours à la voie des armes. La reine mère était restée à Paris; il affecta de l'entourer de ses respects tout en lui faisant voir la force de son parti et l'impuissance du roi pour lui résister ; il ne doutait pas qu'elle n'instruisît son fils de l'état des esprits, et il pensait avec raison que ce prince pusillanime consentirait à acheter la paix par toutes les concessions qu'il voudrait lui dicter.

Henri, qui redoutait la guerre encore plus que le duc de Guise, rejeta pourtant les premières propositions qui lui furent faites; mais bientôt le découragement et l'inconstance de son caractère lui firent prêter l'oreille aux envoyés de la Ligue. Le 15 juillet, il signa le traité de paix auquel il avait d'abord refusé de souscrire ; il s'engageait à ne faire aucune recherche contre les auteurs des barricades, à donner aux ligueurs, comme places de sûreté, Orléans et six autres villes, à nommer le duc de Guise lieutenant général du royaume, enfin à exiler le duc d'Epernon, son favori.

De toutes les clauses du traité, la dernière fut
la plus promptement exécutée; le roi n'aimait
personne, et ce n'était rien pour lui que de sacrifier ses plus fidèles serviteurs. Quant aux autres
promesses que la nécessité lui avait arrachées, il
est certain qu'il se réservait de ne les exécuter que
le plus tard qu'il pourrait. Il trouva en effet mille
prétextes pour ne pas envoyer au duc les lettres
patentes de sa nouvelle dignité, et il fallut la
crainte sérieuse d'une rupture pour qu'il s'y décidât.
Un mot mal écrit à dessein dans le traité lui fournit
l'occasion de chicanes interminables, et lui permit
enfin de refuser tout à fait la remise d'Orléans, place
qu'il regardait avec raison comme la clef du royaume.

Après une commotion aussi violente, suivie d'un
traité consenti avec répugnance, et exécuté avec
mauvaise foi, toute la France désirait voir finir
un état de choses aussi précaire, qui ne promettait
que la continuation des troubles qui la désolaient
depuis si longtemps. La convocation des états généraux était universellement demandée; on espérait
que leurs délibérations apporteraient enfin la
solution des importantes questions qui agitaient
tous les esprits; on se flattait que les partis respec-
teraient les décisions sanctionnées par la volonté

des trois ordres de l'État. Le duc de Guise, assuré que la majorité des députés serait composée d'ardents ligueurs, hâtait de tous ses efforts la convocation de cette assemblée. De son côté, Henri montrait le même empressement. Il avait la réputation d'habile orateur, et il aimait les grandes cérémonies où ses manières pleines de noblesse frappaient la foule, et lui attiraient un respect qui lui prouvait qu'il était encore roi ; peut-être espérait-il influencer les délibérations des États, et ressaisir dans cette assemblée l'autorité qu'il avait perdue dans son royaume.

La ville de Blois fut choisie pour lieu de réunion des États, et leur ouverture fut fixée au 15 octobre 1588. Le roi s'y rendit le premier ; sa cour était encore nombreuse, et il menait avec lui ses gardes et beaucoup de gentilshommes dévoués. Cette suite ne pouvait pas inspirer de soupçons, car dans ce temps de troubles il était naturel que le roi pourvût à sa sûreté ; d'ailleurs, le duc de Guise se rendait de son côté à Blois avec un cortége de ligueurs et de gentilshommes lorrains qui lui formaient une cour à peu près aussi nombreuse que celle du roi. Il logeait dans une aile du château, entouré de sa maison ; Henri était dans une autre avec ses gardes et sa cour; de part et d'autre on fut d'abord sur le qui-vive, et tout en observant les apparences de la confiance, on ne négligeait aucune précaution contre les surprises et la trahison.

Le roi ouvrit les États par un discours d'apparat qui fit une grande impression sur l'Assemblée, bien qu'elle fût prévenue contre lui. Après tant de concessions, tant de faiblesses, il retrouvait, à la surprise générale, des paroles pleines de raison et de dignité. Il exposa la situation du royaume, parla sans amertume des atteintes portées à son autorité, déclara qu'il voulait oublier le passé; mais il demanda d'un ton ferme plus d'obéissance pour l'avenir.

Cette velléité de fermeté déplut fort au duc et l'alarma. Il se plaignit au roi de quelques expressions de son discours, et lui demanda de les supprimer dans le procès-verbal de la séance qu'on allait imprimer. Henri céda encore sans se faire trop prier. S'il lui restait des partisans dans l'assemblée des États, il était évident qu'ils devaient renoncer à soutenir les intérêts d'un prince qui de gaieté de cœur s'humiliait ainsi devant son ennemi. Dès lors les plus fougueux ligueurs eurent le champ libre pour faire à l'envi les propositions les plus incendiaires. Henri avait exprimé le désir qu'avant de déclarer le roi de Navarre déchu de ses droits éventuels au trône de France, on le sommât préalablement d'abjurer son hérésie. La chambre du clergé le déclara purement et simplement déchu. Cet exemple allait être suivi par les autres chambres, qui annonçaient hautement l'intention de procéder, non pas par *représentations*, comme il était d'usage alors, mais bien par *résolutions*. Il n'y avait plus de prérogative royale. Déclarer le roi de Navarre déchu, c'était obliger Henri III à désigner son successeur; or ce successeur ne pouvait être autre que le duc de Guise. Combien de temps Henri aurait-il régné même de nom, ayant auprès de lui un successeur tel que celui qu'on allait lui donner?

Sa situation était, on le voit, désespérée. Attendre les décisions des États et s'y soumettre, c'était s'abandonner au courant d'un fleuve qui se précipitait dans un abîme. Casser les États ou refuser de sanctionner leurs délibérations, c'était rallumer une guerre civile dans laquelle il devait succomber. Il n'avait ni argent ni armée. Une grande partie des places fortes de France était entre les mains de son rival. Tout obéissait au duc de Guise; il levait lui-même les impôts et en fixait l'emploi;

ses créatures occupaient les charges les plus importantes ; les soldats l'adoraient. Quel parti restait au
malheureux monarque ? Un seul ; c'était de se débarrasser de son adversaire par un coup de poignard.

Cette ressource était tellement unique, elle était
tellement indiquée par la situation, qu'il est surprenant que le duc de Guise n'ait pas pris de mesures pour sa sûreté personnelle. Mais il méprisait
trop son ennemi. Il était si bien accoutumé à le
voir céder, qu'il ne pouvait croire qu'il pensât à
briser la chaîne dont il resserrait les anneaux tous
les jours. Le succès de la démarche hardie qui avait
précédé les barricades lui faisait illusion. Une
heure il était demeuré au pouvoir du roi, qui n'avait
pas osé profiter de ses avantages. On ne peut se
persuader que ce qui a réussi une fois ne réussira
pas toujours, et l'on dort tranquille sur le bord d'un
courant de lave refroidie, comme si la lave d'une
nouvelle éruption ne pouvait pas franchir les li-
mites de l'ancienne. D'ailleurs le duc de Guise
éprouvait, comme tous les hommes occupés de
grands projets, un dégoût profond pour ces précautions de tous les instants, qui suffiraient seules pour
empêcher de suivre une grande idée. Qui voudrait

d'une vie qui ne serait employée qu'à réfléchir aux moyens de la prolonger? Guise recevait avec distraction les avertissements prophétiques des plus timides de ses partisans. Il se fiait à sa fortune, et ne répondait aux prédictions sinistres de ses amis que par ces mots : « On n'oserait. »

Le roi s'étudiait de son côté à augmenter sa sécurité. Il était pour lui prodigue de prévenances; il affectait même avec lui une familiarité de bonhomie, et semblait chercher à soulager la mauviase humeur que devait lui causer sa position, par des épigrammes et des plaisanteries qui déguisaient mieux ses projets que des caresses affectées; enfin, et pour preuve solennelle de sa sincérité, il communia publiquement avec lui, et jura sur les Évangiles de maintenir le traité d'union.

Le vendredi 23 décembre, le duc est mandé par le roi de grand matin pour assister au conseil. Comme il traversait la cour du château, des soldats de la garde écossaise s'approchent de lui, et le prient de leur faire payer leur solde arriérée. Il voit avec plaisir que les propres serviteurs du roi s'adressent à lui de préférence à leur maître. Mais lorsqu'il est entré dans la salle du conseil, l'expression sinistre de quelques courtisans le surprend et l'inquiète. Une haie de soldats occupe la porte qu'il vient de franchir. Il s'arrête un instant incertain et troublé. Il cherche en vain quelque prétexte pour sortir. Le roi ne paraît point, et son anxiété redouble. Saisi d'un éblouissement subit, il est obligé de s'asseoir; bientôt, reprenant son courage et sa sérénité, il s'avance d'un pas ferme vers le cabinet du roi. Au moment où il soulevait la portière en tapisserie, quelques assassins apostés se jettent sur lui et le frappent à coups redoublés. Il expira presque aussitôt.

En tuant son ennemi, Henri III se condamnait lui-même à une fin semblable. Jusqu'alors le mépris des ligueurs avait en quelque sorte adouci leur haine. Lorsqu'ils virent ce qu'il avait osé, ils osèrent eux-mêmes davantage. Guise était devenu pour eux un martyr dont le sang criait vengeance. Jacques Clément se chargea d'apaiser ses mânes.

François, Henri de Guise, Coligny, Henri de Valois périrent assassinés tous les quatre dans une période de vingt-six ans. L'histoire de leur époque n'est guère qu'une longue série de meurtres. Le poignard ou le poison, tels étaient au xvie siècle les moyens le plus fréquemment employés contre un ennemi politique ou particulier. A vrai dire, il n'y en avait guère d'autres auxquels on pût avoir recours. Quelle ressource avait le faible contre le fort? Puissance était un synonyme de tyrannie. Des lois, il y en avait dans des recueils écrits, mais qui avait le pouvoir ou la volonté de les faire exécuter? Faut-il s'étonner que des hommes élevés au milieu des discordes civiles, habitués aux armes, et regardant le courage comme la seule vertu, ne confiassent qu'à leur épée le soin de leur honneur ou la réussite de leurs projets?

La religion, qui s'allie aisément avec toutes les passions humaines, ne tempérait pas ces mœurs brutales. Les uns ne la faisaient consister que dans des pratiques faciles à observer, et trouvaient dans leur accomplissement une excuse et une suffisante compensation à tous leurs excès. Les autres, choqués de la puérilité de ces pratiques, les rejetaient avec mépris, et avaient simplifié leur croyance, mais ils n'en avaient pas plus d'égards pour la morale que l'on peut tirer des livres saints.

Je suis assez porté à croire que la masse de vices et de vertus a été la même à toutes les époques; aussi, je ne pense pas que nous valions beaucoup mieux que nos pères, bien que nous n'assassinion plus. L'assassinat était une forme de leurs passions, leurs passions sont encore les nôtres, mais elles ont d'autres formes ; seulement je crois que nous devons nous féliciter de vivre dans un temps où ces formes sont sensiblement adoucies.

1835.

IV

CHARLES NODIER [1]

Messieurs,

Vos suffrages m'imposent un difficile devoir.
Vous entretenir de la perte que vous avez faite,
c'est vous montrer tout ce qui me manque pour la
réparer. Mais je ne me préoccupe pas en ce moment d'une comparaison trop dangereuse. Ma seule
crainte est de ne pas louer assez dignement un
homme qui a laissé parmi vous des souvenirs inef-
façables.

1. Discours de réception à l'Académie française, prononcé
le 6 fevrier 1845.

Je dois vous retracer la vie de M. Nodier. Quel sujet plus attrayant, quelle tâche plus simple en apparence ! Sa vie, souvent il nous l'a racontée dans ses ouvrages. Qui ne se rappelle ces épisodes touchants de notre histoire contemporaine, ces aventures étranges où il s'est plu à se mettre en scène ; ces grands morts d'un autre âge évoqués par sa plume, et que nous croyons avoir connus ? Si je rassemblais tous ces traits épars, si je laissais en quelque sorte M. Nodier parler seul, et vous redire ce que nul ne saurait dire aussi bien que lui, vous m'oublieriez en l'écoutant, et je ne craindrais pas, dès cette première épreuve, de vous faire regretter l'indulgente bienveillance à laquelle je dois l'honneur de siéger parmi vous. Malheureusement, messieurs, une telle ressource m'est interdite. Ce serait mal comprendre, en effet, M. Nodier; ce serait ignorer, non-seulement le caractère de son talent, mais la nature même de son esprit, que de supposer qu'il eut jamais l'intention de se donner pour un historien, et surtout pour un biographe. Qu'il s'agisse de lui, qu'il s'agisse des autres, qu'importe à M. Nodier l'exactitude rigoureuse des faits. Pour lui tout est drame ou roman. Il cherche partout des traits et des couleurs. Un nom propre lui rap pelle une idée, d'où bientôt jaillit une composition tout entière. Ce qu'il touche, il l'orne à plaisir. — Socrate avait sculpté dans les Propylées les statues des Grâces couvertes de vêtements magnifiques ; M. Nodier voile l'histoire d'une parure empruntée à la poésie. Parfois il s'introduit lui-même dans son œuvre, à l'exemple de ces anciens peintres qui se représentèrent dans leurs tableaux agenouillés aux pieds de la Vierge ou assis à la table des apôtres.

Ici, messieurs, je me rappelle involontairement ce mot d'un homme qui se prenait pour un érudit. et que la postérité comptera surtout parmi les habiles écrivains de notre époque : « Plutarque, disait Courier, ferait gagner à Pompée la bataille de Pharsale si cela pouvait arrondir tant soit peu sa phrase. » Il a raison. M. Nodier était de l'école de Plutarque. — Je ne sais d'ailleurs si toutes les fictions de l'homme de lettres furent volontaires, si en s'abandonnant à son imagination, il ne crut pas quelquefois consulter sa mémoire. Tel que ces preneurs d'opium de l'Asie, moins sensibles aux impressions extérieures qu'aux hallucinations du breuvage enivrant, il s'était accoutumé, dans la solitude, à vivre parmi les créations de sa fantaisie comme au milieu des réalités. Souvent ses brillantes rêveries se confondirent à son insu avec les souvenirs moins attachants des scènes du monde qu'il avait traversées. Poëte, il ne pouvait comprendre le travail ingrat du chroniqueur. Pour moi, messieurs, c'est la tâche dédaignée par M. Nodier qui me reste en partage aujourd'hui. Je ne l'ai malheureusement connu que dans ses ouvrages, mais je me suis appliqué à recueillir de toutes parts des détails exacts sur sa vie. L'esquisse que je vous présente est bien imparfaite sans doute ; grâce à de bienveillantes communications, j'ose du moins la croire fidèle.

L'éducation que M. Nodier reçut tout enfant dans la maison paternelle, en décidant de sa vocation, eut la plus grande influence sur sa carrière littéraire. Il me semble que son style, sa méthode, étaient déjà formés à une époque où la plupart des gens de lettres s'ignorent eux-mêmes. Qu'il me soit permis d'appeler votre attention sur ses premières années.

Il naquit à Besançon en 1780. Son père, avocat distingué, ancien professeur à l'Oratoire, fut longtemps son seul maître, et jamais précepteur plus tendre n'eut un élève plus heureusement doué. Le précepteur impossible d'Émile était trouvé cette

fois. Il s'efforçait de hâter le développement de cette
jeune intelligence ; il voulait donner à un enfant
les goûts et les idées d'un homme. Trop souvent
cette culture hors de saison ne produit que des
fruits trompeurs dans leur précocité ; mais une
nature généreuse et privilégiée sait garder et mûrir
tous les germes qu'on lui confie. Enfant, Charles
Nodier avait déjà les habitudes studieuses, les préférences littéraires, et jusqu'aux manies de l'Oratorien. Celui-ci aimait les vieux livres, les éditions
rares ; il en faisait collection, et mieux encore, il
les lisait. Nos auteurs du XVIe siècle étaient surtout l'objet de ses prédilections. Son fils pouvait-il
ne pas les partager? Plus d'une fois on surprit
l'enfant, loin des jeux de ses camarades, lisant un
in-folio presque aussi grand que lui. » La première
fois que je le vis, » me dit M. Weiss, le savant bibliothécaire de Besançon, « il avait huit ans, et
portait sous son bras un volume de Montaigne. »
Il apprit à lire dans les immortels *Essais*, et peut-
être parla-t-il la langue de Montaigne à un âge où
les autres enfants bégayent à peine celle de leurs
nourrices.

Vers la fin du XVIIIe siècle, la ville de Besançon
conservait encore des souvenirs singuliers de la

domination espagnole. A voir ses innombrables couvents, ses palais aux balcons grillés, ses confréries de pénitents de toutes couleurs, on aurait pu se croire dans une ville de Castille. Les mœurs de ses habitants était empreintes d'une austérité qui n'avait rien de français. D'anciennes ordonnances défendaient aux Juifs de demeurer plus de trois jours dans l'enceinte des remparts. La société était divisée en plusieurs castes, soigneuses de s'isoler par des barrières infranchissables. D'un côté, des préjugés hautains, de l'autre des espérances insensées ; partout des haines traditionnelles. Dans une telle ville, la première étincelle de la révolution devait exciter les passions les plus violentes. M. Nodier père appartenait au parti de la bourgeoisie qui allait triompher. D'un naturel doux jusqu'à la faiblesse, il était devenu républicain avec l'enthousiasme et l'inexpérience d'un homme de lettres. En 1790, il fut nommé maire constitutionnel de Besançon, et, l'année suivante, président du tribunal criminel : fonctions terribles qu'il accepta sans les connaître, et qu'il n'eut pas le courage d'abdiquer lorsqu'il les eut comprises.

Associé à toutes les pensées de son père, vivant au milieu d'un cercle d'hommes instruits, que char-

maient son intelligence et sa vivacité, traité par eux
comme un égal; Charles Nodier admettait toutes
les théories nouvelles avec la candeur de son âge.
A douze ans, il haïssait la tyrannie comme un Caton
d'Utique ; il discourait sur les droits du peuple
comme l'un des Gracques. C'était ainsi qu'on lui
faisait repasser son histoire romaine. Malgré son
âge, par une exception singulière, il fut élu en 1792
membre d'une des plus fougueuses sociétés populaires, celle des *Amis de la Constitution*, qui venait
de s'établir dans sa ville natale. J'ai retrouvé son
discours de réception, qui fut imprimé alors, et ce
n'est pas sans surprise que je l'ai lu, il y a quelques
mois. Ma surprise, vous le pensez bien, messieurs,
ne fut pas de voir un enfant de douze ans donner
des conseils à la nation, au roi, à Dieu même. Mais,
ce qu'on ne s'attendrait pas à trouver dans une
œuvre semblable, c'est un style travaillé, de l'art
dans le choix et l'agencement des mots, une entente
de la période, enfin une manière d'écrire où déjà
se devine l'auteur original qui devait, quarante
ans plus tard, prendre place parmi vous.

La société des *Amis de la Constitution* donna
bientôt une nouvelle preuve de son estime au jeune
citoyen qu'elle avait initié de si bonne heure à la

vie politique. Pichegru venait d'obtenir un brillant succès sur l'armée autrichienne ; il avait repris les lignes de Weissembourg ; l'Alsace était sauvée. La société populaire se souvint des allocutions que le sénat de Rome adressait à ses consuls victorieux. Pour complimenter l'heureux général et ses braves volontaires, une députation fut nommée, dont Charles Nodier fit partie. Accueilli par Pichegru, il passa quelques jours auprès de lui dans les environs de Strasbourg, goûtant le plaisir, délicieux à son âge, de voir de près un camp, des canons et tout l'appareil de la guerre. Alors, sans doute, plusieurs de nos grandes figures républicaines passèrent devant ses yeux. Il en retint quelques traits qu'il a reproduits avec bonheur dans ses *Souvenirs de la Révolution*.

Parmi les hommes qui exercèrent sur l'enfance de Charles Nodier la plus grande et la plus utile influence, je ne dois point oublier un vieux gentilhomme, officier du génie, homme d'esprit, de savoir, véritable philosophe pratique à la manière de Xénophon. A Besançon encore, on ne parle de lui qu'avec attendrissement. M. de Chantrans, c'était son nom, avait remarqué les dispositions singulières du jeune Charles, et prenait plaisir à

les cultiver. Il lui prêtait des livres, il satisfaisait
son inquiète curiosité, et dans de longues promenades, il développait chez l'enfant le talent inné
de l'observation, en lui inspirant un goût précoce
pour l'étude de l'histoire naturelle. M. Nodier a
fait, dans *Séraphine*, un portrait délicieux de ce
sage qu'il chérit toute sa vie ; portrait d'une ressemblance achevée, et le seul, m'a-t-on dit, qu'il n'ait
pu embellir.

Il lui dut une de ces actions dont le souvenir
console de bien des malheurs. J'ai déjà dit que
M. Nodier père était, en 1792, président du tribunal criminel de Besançon. On sait trop quelles
étaient les déplorables fonctions de juge à cette
époque. Il fallait se faire l'esclave d'une multitude
en délire, ou se condamner à une perte certaine.
Tristes temps, où l'honnêteté a besoin de se grandir
jusqu'à l'héroïsme, où la faiblesse peut se précipiter au crime. Le président gémissait, mais appliquait les lois. Hélas ! dans les discordes civiles, on
nomme ainsi les caprices du vainqueur. On venait
d'ôter aux émigrés leurs biens, leur patrie, on voulait encore qu'ils n'eussent plus de famille. Correspondre avec un émigré, fût-ce un père, un fils, un
époux, était un fait de haute trahison, un crime

puni de mort. Une femme appartenant à une famille considérée de Besançon, madame d'Olivet, était accusée d'avoir envoyé à son mari, réfugié en Suisse,.... son portrait. Elle allait comparaître devant le redoutable tribunal, lorsque M. de Chantrans supplia son jeune ami d'intercéder auprès de son père en faveur de l'accusée. Charles jura de la sauver, et tint parole. Une seule pièce existait qui prouvait la correspondance avec le proscrit, et cette pièce était entre les mains du président. Les prières, les larmes de l'enfant, ses menaces mêmes, car il voulait se tuer si madame d'Olivet était condamnée, émurent un homme naturellement humain. Il souffrit que son fils détruisît en sa présence la lettre fatale ; et cette fois sa faiblesse ne put lui coûter un remords.

Peu de temps après, une de ces lois révolutionnaires que le bon sens ne réprouve pas moins que l'humanité, vint atteindre M. de Chantrans lui-même. Banni de Besançon par un décret qui interdisait aux nobles la résidence des places de guerre, il gémissait d'abandonner son élève sans guide dans un pareil moment. Heureusement M. Nodier père, comprenant la nécessité d'arracher son fils aux hideux spectacles qui l'entouraient, eut le

courage de s'en séparer, et de le remettre aux
soins du proscrit. Il espérait d'ailleurs que l'innocence de l'enfant protégerait la vie du vieillard,
dont le patriotisme ne pouvait faire oublier la naissance. — « Je ne connais pas d'homme plus vertueux que toi, dit le juge à M. de Chantrans ; tu
méritais de n'être pas né gentilhomme ; mais obéis
à la loi ; emmène mon fils ; je te le confie ; tu lui
apprendras à connaître la nature et la vérité. »
C'était le style du temps. M. de Chantrans alla s'é-
tablir avec son pupille au hameau de Novilars, et
dans cette charmante solitude ils attendirent la
fin de la tempête.

Le vieil ingénieur voulait enseigner les mathé-
matiques à son élève, espérant qu'elles pourraient
régler et tempérer une imagination dont l'ardeur lui inspirait de sérieuses inquiétudes ; mais
la géométrie n'avait point de charmes pour un
enfant qui déjà griffonnait des vers. La poésie est
un don inné dans sa famille. Un de ses oncles a
laissé au théâtre une tragédie et des opéras estimés ;
et la muse de Charles Nodier, vous le savez, messieurs, continue d'inspirer sa fille. L'étude de l'histoire naturelle, et surtout de l'entomologie, qui
d'abord n'avait été qu'une récréation pour les deux

exilés, devint bientôt leur occupation principale. Le jour se passait en promenades, ou plutôt en courses vagabondes. Le soir, après avoir mis en ordre le butin de la journée. des insectes et des plantes, on se trouvait trop fatigué pour résoudre des problèmes. On préférait une courte lecture, mais toujours la veillée se prolongeait fort tard. M. de Chantrans avait apporté à Novilars quelques volumés de Shakspeare, que son élève dévora dès qu'il les eut ouverts. A cet esprit amoureux de l'indépendance, Shakspeare, avec ses beautés incultes, apparut comme le génie libre de toute entrave. Pour tout autre, pareille lecture aurait eu ses dangers : l'homme qui va gravir un mont ne doit pas prendre l'aigle pour guide. Mais Charles Nodier avait déjà un goût prononcé pour la perfection de la forme, un sentiment de la délicatesse dans les détails, rare surtout à son âge, et qu'il devait sans doute aux sages leçons de son père. Cet amour pour la correction ne l'abandonna jamais au milieu de ses enthousiasmes pour le génie sans frein, et malgré lui, pour ainsi dire, le ramena toujours à la religion des règles et au culte de nos grands modèles.

Après la terreur, il suivit, à l'école centrale de Besançon, les cours de M. Droz, qui devait le précéder dans votre compagnie. Le savant professeur le distingua bientôt parmi ses condisciples et s'efforça de lui inspirer le goût des études classiques, toujours indispensables, même aux novateurs. Toutefois il n'y réussit qu'imparfaitement. Chez son père, et dans les bibliothèques de ses amis, Charles Nodier trouvait des livres qui satisfaisaient mieux le besoin d'émotions fortes dont il était tourmenté. C'était alors la grande vogue du roman de *Werther*, chef-d'œuvre d'exaltation du sceptique le plus habile à prendre tous les masques. Werther devint le héros de Charles Nodier. Il voulait vivre et peut-être mourir comme lui : on sait que plusieurs enthousiastes portèrent la rage de l'imitation jusqu'au suicide. Heureusement la sienne se borna au costume de son modèle. Le plus beau jour de sa vie, s'il faut l'en croire, fut celui où son père lui donna un habit bleu et des culottes jaunes, uniforme alors obligé de quiconque se croyait un cœur sensible et des passions indomptables.

En quittant l'école centrale, Charles Nodier, à peine âgé de dix-sept ans, fut nommé bibliothécaire adjoint de Besançon. Il devait ce titre à la variété de ses connaissances, surtout à l'immensité de ses lectures, dirigées d'ailleurs par une méthode étrange.

Il choisissait les livres, les uns, tels que *Werther*, parce qu'ils étaient à la mode ; les autres, tels que le *Cymbalum mundi*, et maint conte du XVIe siècle, par un motif contraire, parce qu'il les avait exhumés lui-même de la poussière des bibliothèques. Quelque variés que fussent alors ses goûts littéraires, ses préférences étaient toujours acquises à l'originalité, qu'il ne distinguait pas assez encore de la bizarrerie. De Shakspeare nous l'avons vu passer à Goethe, et la traduction du théâtre allemand de Bonneville acheva d'exciter en lui une passion enthousiaste pour la littérature germanique. Outre le mérite de quelques-uns de ces écrivains, elle présentait encore à un très-jeune homme cet attrait particulier qu'elle portait sa poétique avec elle, neuve alors et d'une application facile. Chez les Allemands, en effet, les systèmes précèdent les œuvres d'art, et l'imagination d'ordinaire s'emploie à compléter les théories par des exemples.

Ce goût pour les littératures étrangères obligea le jeune enthousiaste d'étudier plusieurs langues modernes, et bientôt il se prit à méditer sur la grammaire générale. D'abord ses travaux se ressentirent de l'inexpérience et de la présomption naturelle à son âge. Au sortir du collége, il avait inventé une lan-

gue, qu'il appelait *catholique*, et il ne désespérait
pas de lui voir un jour mériter ce nom par son
universalité. L'excellent M. Weiss, confident de
toutes ses pensées, et qui plaidait toujours auprès
de lui la cause de la raison, l'arrêta par bonheur
dès le commencement de son dictionnaire. « J'ap-
» prendrai volontiers ta langue, lui dit-il, mais
» traduis-moi d'abord Corneille, Molière et Racine. »
La difficulté découragea le novateur, et il laissa la
langue catholique pour une autre qui avait déjà
conquis l'Europe, la langue française.

Son premier essai fut un mémoire scientifique.
Une série d'observations ingénieuses l'avait conduit à penser que l'organe de l'ouïe, chez les insectes,
résidait dans leurs antennes. Vers 1798, il publia
sur ce sujet quelques pages qui attirèrent l'attention
des naturalistes. J'ignore quelle est aujourd'hui
la valeur de ce système dans la science moderne ;
je remarquerai seulement qu'il eut assez de succès
pour trouver dans la suite de doctes usurpateurs.
M. Nodier fut contraint de réclamer la priorité de
sa démarche et d'en donner des preuves irrécu-
sables.

L'âge et les relations de collége, ordinaire école
d'opposition, avaient depuis longtemps fait justice

de ces opinions démagogiques si ridiculement souf-
flées à son enfance. A dix-huit ans, oubliant ses
succès parmi les *Amis de la Constitution*, il s'amusait
à tourner en ridicule les sociétés populaires. A
cette époque, en 1799, c'était encore un divertissement dangereux. Il faillit le payer cher. Quelques
étudiants s'étant avisés de parodier, sur la place de
Granvelle, une séance d'un club républicain,
M. Nodier se distingua dans cette parade et fut un
des orateurs les plus applaudis. La municipalité
s'en émut; les baïonnettes vinrent à son aide. On
arrêta les mauvais plaisants; mais le plus coupable
parvint à s'échapper et à trouver un asile chez M. de
Chantrans. Le procès fut sérieux. D'une turlupinade
on fit un complot royaliste, et pour peine on demandait la mort de dix enfants. Le jury se partagea.
Une seule voix, le suffrage de Minerve, acquitta les
jeunes étourdis. M. Nodier, qui s'était hâté de réclamer sa part dans le crime de ses amis, plaida
lui-même sa cause, et son discours, qui s'est conservé, se recommande autant par le bon sens que
par l'habileté de la défense. On voit qu'il comprime
avec prudence une ironie mordante, craignant de
trop faire rire aux dépens de ses juges, déjà mal
disposés pour les gens d'esprit.

Deux ans après, il publia, à un très-petit nombre d'exemplaires (il avait dès lors les manies des biblio-philes), un recueil de *Pensées tirées de Shakspeare,* parmi lesquelles un assez grand nombre appartien-nent en propre au soi-disant traducteur. Sans doute, c'est à une défiance modeste de lui-même qu'il faut attribuer cette espèce de déguisement, auquel il eut souvent recours dans la suite.

Sa famille le destinait au barreau, mais le temps qu'il devait consacrer à l'étude des lois était em-ployé à composer des romans et des vers. Il ne put répondre au premier examen, et, dégoûté par ce mauvais succès, il abandonna pour toujours une carrière où il n'était entré qu'avec répugnance.

Il n'y a point d'auteur qui ne cherche à ses débuts le plus vaste théâtre. En 1800, M. Nodier quitta Besançon pour offrir ses manuscrits aux libraires de la capitale. Romans et mémoires scientifiques furent publiés à la fois ; d'un côté, *les Proscrits* et *le Peintre de Saltzbourg*, imitations avouées de *Werther;* de l'autre une *Histoire des insectes,* ou plutôt un sys-tème nouveau pour leur classification. Ses romans lui valurent l'amitié de Mme de Genlis, et ses travaux plus sérieux, imprimés sous le titre de *Bibliothèque entomologique,* furent remarqués comme un modèle de méthode. Il les interrompit bientôt. Alors Paris lui offrait de trop nombreuses distractions. Déjà lié avec quelques personnages suspects au nouveau gouvernement, il se trouva bientôt associé à une foule de gais compagnons, frondeurs comme lui, royalistes ou républicains, que leur haine contre Napoléon unissait dans une opposition commune. M. Nodier ne connut jamais qu'un principe politique. « Le parti le plus juste, disait-il, c'est le parti des » vaincus. » D'après cette maxime, qui trouvera peu d'approbateurs, il réglait sa conduite. D'abord il écrivit plusieurs articles dans le *Citoyen français*, seul journal qui protestât alors contre l'entraînement de servitude excité dans une nation guerrière par l'ivresse dés armes et l'éblouissante fortune du premier consul. Il fit plus, il osa s'attaquer à la personne même du chef de l'État, à la toute-puissance du général victorieux. Une ode, intitulée *la Napoléonne*, circulant manuscrite, obtint un succès prodigieux, qu'elle dut autant aux sentiments d'un républicanisme fougueux qu'à l'énergie du poëte, accusant le grand homme d'*aspirer à descendre*. Bientôt, la satire s'enhardissant jusqu'à paraître imprimée, attira sur le libraire qui s'en était fait l'éditeur le courroux de l'autorité. Grâce à sa jeunesse, à son obscurité, M. Nodier avait évité jusqu'alors des poursuites personnelles; mais, apprenant que son libraire était compromis, il n'hésita par à se nommer et à demander que la vengeance du pouvoir ne tombât que sur lui seul. Son dévoûment ne lui fut pas fatal. Fouché, ministre de la police, avait pour bibliothécaire un Oratorien comme lui, le P. Oudet, ancien ami du président Nodier. Le P. Oudet s'empressa de prendre la défense du poëte, qu'il peignit au ministre comme un jeune homme de talent, plus étourdi que dangereux. Tout se borna à une réprimande, avec injonction de partir sur-le-champ. Déjà le président effrayé rappelait avec instance son fils auprès de lui. Le jeune satirique quitta Paris le désespoir dans le cœur. Il avait rêvé la palme du martyre, et n'obtenait que l'humiliation d'une dédaigneuse clémence En ne le fusillant point, comme il s'y attendait, on enlevait à son roman un dénoûment magnifique.

Reçu à Besançon avec enthousiasme par les royalistes que l'exil n'avait pas dégoûtés de projets chimériques, et par les républicains frémissants sous un joug nouveau, il continua avec plus d'imprudence que jamais des relations que se disputaient les deux camps, naguère ennemis. Je crois qu'il s'affilia vers cette époque à une société secrète, je veux dire, surveillée d'un peu loin par l'active police du consulat. Il conspira, théoriquement surtout, cherchant plutôt les émotions d'une entreprise hasardeuse, que ses résultats politiques. Le moment était mal choisi, car parmi les associés de Charles Nodier il y avait quelques hommes dont les projets trop sérieux pouvaient provoquer et justifier les rigueurs du gouvernement. Un soir, alarmé de l'arrestation imprévue d'un de ses amis, il crut n'avoir que le choix entre la fuite et les cachots de la citadelle. Leste et plein d'adresse, il escalada les remparts et se sauva dans la campagne. Il racontait que son trouble l'avait empêché de se reconnaître dans des lieux qu'il avait parcourus tant de fois, et qu'après avoir marché plusieurs heures par des sentiers détournés, il s'était retrouvé au lever de l'aurore en face d'une des portes de Besançon. Il se garda bien d'y rentrer, et rassemblant ce qui lui restait de forces, il gagna les montagnes du Jura. Là, il vécut assez longtemps en proscrit, changeant continuellement d'asile, évitant les chemins frayés et demandant l'hospitalité de chalet en chalet. Cette vie rude et aventureuse avait pour lui des charmes qui ne sortirent jamais de sa mémoire, et qui lui

ont inspiré plus d'une ravissante description. Il
est vrai que le soin de sa sûreté ne l'empêchait pas
de se livrer à ses goûts favoris. Il croyait fuir les
gendarmes et poursuivait les papillons. Après une
longue marche, portant pour tout bagage un fais-
ceau de plantes et une boîte remplie d'insectes, il
arrivait à un presbytère écarté. D'abord il se faisait connaître, exagérant les dangers qui le mena-
çaient, ceux même auxquels il était contraint d'exposer ses hôtes. Alors s'engageait un combat de générosité où Nodier se laissait vaincre. Il soupait gaî-
ment, dormait sur la paille, et repartait à l'aube,
emportant les vœux et les bénédictions du bon prêtre.
Après les curés, c'était aux médecins de campagne
qu'il s'adressait d'ordinaire, pour se donner ces
scènes de roman, si souvent répétées qu'il avait
fini par se croire le plus persécuté des proscrits.
Habile à discourir sur la médecine, comme sur
toutes les sciences qui s'y rattachent, il étonnait
ses hôtes par l'étendue et la variété de.ses connaissances. En les quittant, il leur laissait des plantes
rares, des insectes curieux, et les engageait à faire
des collections. Professeur nomade d'histoire naturelle, il a formé de nombreux élèves dans le Jura,
qui se rappellent encore ses leçons, rendues plus

attrayantes par le charme merveilleux de sa conversation, et l'intérêt qu'excitait sa mystérieuse existence.

Au milieu de cette agitation continuelle, dépourvu de livres et de conseils, on s'étonne qu'il ait pu trouver le loisir de composer un de ses ouvrages de linguistique des plus remarquables, le *Dictionnaire des Onomatopées*. Après Jules César, M. Nodier est, je pense, le seul grammairien qui fut poëte et conspirateur. Il est vrai que ses idées de grammaire se ressentent un peu de l'ardeur de son imagination ; mais les théories, même hasardées, d'un écrivain ingénieux, sont toujours plus utiles à consulter que les froides observations d'un puriste. Le goût le plus correct a d'ailleurs dicté les écrits de M. Nodier. sur notre langue. Personne n'en pénétra mieux les secrets, n'en révéla d'une manière plus piquante les finesses et les difficultés.

Cette vie errante, cette continuelle préoccupation de se dérober à des poursuites imaginaires, cette monomanie du malheur, pour me servir d'une de ses expressions, avaient fini par attirer l'attention de l'autorité. Au soin qu'il prenait de se cacher, on devait lui supposer les projets les plus criminels. Une descente de police eut lieu dans une de ses retraites temporaires. On ne l'y trouva pas ; mais on saisit ses papiers, qu'on porta au préfet du Doubs, M. Jean de Bry, le plénipotentiaire de Rastadt. C'étaient des vers, des chapitres de romans, des observations d'histoire naturelle ; puis le *Dictionnaire des Onomatopées*.

Le préfet parcourut avec intérêt ces ébauches, et conclut qu'un homme tout occupé de science et de littérature n'était pas un conspirateur bien redoutable. Il manda les amis de Charles Nodier, et les chargea d'engager le proscrit à quitter sa vie errante et à poursuivre ses travaux sans inquiétude. Il lui fournit même les moyens de retourner à Besançon, et, quelque temps après, de se rendre à Dôle pour y ouvrir un cours de littérature. Quinze ans plus tard, M. Nodier eut le bonheur d'acquitter cette dette de reconnaissance. Les temps étaient changés. M. Jean de Bry était exilé à son tour. M. Nodier avait pour ami un ministre influent, et obtenait comme un service personnel le rappel de son ancien protecteur.

Dans ces courses à l'aventure, M. Nodier avait reçu à Quintigny l'hospitalité d'une famille aimable à laquelle il devait bientôt appartenir par les liens les plus doux. Peu de temps après son arrivée à

Dôle, il épousa la femme qui fit le bonheur de sa vie, et dont la tendresse adoucit les souffrances de son dernier jour. Son modeste patrimoine était dissipé. Rarement un poëte connaît le prix de l'argent, et M. Nodier ne put jamais voir l'infortune sans la secourir jusqu'à s'y associer. Désormais, père de famille, et sentant qu'il devait vivre, non pour lui, mais pour sa jeune compagne, il quitta la position précaire de professeur à Dôle, pour accepter la place de secrétaire d'un riche Anglais, le chevalier Croft, savant philologue, ami et collaborateur du célèbre Johnson. Sans un goût bizarre pour les minuties, sir Herbert Croft aurait pu, grâce à sa vaste érudition, occuper un rang distingué parmi les critiques. Un seul trait le peindra : il avait passé plusieurs années à copier et à recopier le *Télémaque* pour en réformer la ponctuation ; et lorsqu'il s'associa M. Nodier, il méditait un semblable travail contre Horace. Peut-être M. Nodier dut-il à ces nouvelles relations de se perfectionner dans la connaissance des classiques grecs et latins, auprès d'un homme qui était comme un dictionnaire vivant de toutes les difficultés philologiques. En retour, probablement, sir Herbert lui emprunta ces vues originales qui, dans l'*Horace éclairci par la ponctua-*

tion, trahissent une critique plus large que celle du baronnet, trop préoccupé de points et de virgules pour apprécier toujours l'esprit et les grâces de son auteur.

Rappelé à Quintigny vers 1809, par l'amour de l'indépendance, M. Nodier y demeura près de deux ans dans l'oisiveté Trop heureux alors pour écrire, il employa ce temps à augmenter ses collections, à méditer quelques vers, surtout à jouir d'un repos dont il goûtait pour la première fois la douceur.

Il n'en sortit qu'en 1810, pour publier, sous le titre de *Questions de littérature légale*, un petit volume rempli d'intérêt, dans lequel il examine avec une grande supériorité d'aperçus les cas où l'imitation d'un auteur est permise, et ceux où elle doit être flétrie du nom de plagiat. Ce livre, qui réunit à toutes les qualités brillantes du style de Nodier une force de raisonnement qu'on n'attendrait peut-être pas d'un esprit naturellement enclin au paradoxe, est demeuré commé un code fixe, dont pas un honnête homme ne contestera les articles.

Peu après, la protection du duc d'Otrante, que M. Nodier s'obstina longtemps à prendre pour une persécution, lui procura une place modeste dans les provinces illyriennes, récemment annexées à l'Empire. Nommé d'abord bibliothécaire à Laybach, il s'empressa de partager ses appointements avec l'ancien titulaire, pauvre érudit allemand qu'on venait de destituer. Puis, dans la même ville, il fut directeur d'un journal, *le Télégraphe illyrien*, qui se publiait en quatre langues parlées dans la Carniole, le français, l'italien, l'allemand et le slave. Il y inséra de nombreux articles de science et de littérature, pendant qu'il étudiait avec soin les mœurs originales d'une contrée où plus tard il plaça la scène de quelques-unes de ses compositions.

À son retour en France, après l'abandon des provinces illyriennes, il prit part à la rédaction du *Journal de l'Empire*. M. Geoffroy, atteint de la maladie à laquelle il succomba, avait lu quelques articles manuscrits de M. Nodier; ils lui plurent, et, si je suis bien informé, il consentit, dans l'intérêt du journal, à leur donner le patronage de son nom. Le public les goûta. Geoffroy rajeunit, disait-on. Quelques jours après le célèbre critique n'était plus, et le nom de Nodier, obscur encore, ne trouva plus la même faveur. Homme nouveau, il eut à subir les dégoûts qui attendent toujours le talent à ses premiers efforts pour se produire.

M. Nodier s'était cru, de bonne foi, l'une des

victimes du despotisme impérial. Après la déchéance
de l'empereur, il avait inévitablement sa place
marquée dans un parti avec lequel il n'avait jamais
cessé d'entretenir de nombreuses amitiés. A cette
fois seulement il se départit de sa conduite qui l'attachait aux vaincus. Les vainqueurs, il est vrai,
étaient bien faibles encore, en butte à mille dangers, chargés de la responsabilité de nos désastres
par l'orgueil national, impitoyable comme la fortune. Jeté dans la politique sans trop s'expliquer
comment, M. Nodier défendit de sa plume les opinions qu'il professait, ou plutôt le parti qui s'était
emparé de lui. Dans la suite, il fallut tout le talent du romancier, toute la bienveillance, toute
la séduction de l'homme du monde, pour faire
oublier à quelques-uns de ses adversaires politiques une polémique passionnée, mais conscien-
cieuse, à laquelle il se livra pendant nos jours
d'orage.

Je dois m'arrêter un instant sur le dernier des
ouvrages de M. Nodier que lui aient inspirés les passions politiques, je veux parler de son *Histoire des
sociétés secrètes de l'armée*, publiée au commencement
de 1815. Dans cet écrit, mélangé de fictions et de
vérités, il raconte, avec les embellissements roma-

nesques dont il se plaisait à orner tous ses ouvrages, les efforts ignorés de quelques conspirateurs plus que douteux, espérant dans l'ombre le retour des Bourbons.

Admirez, messieurs, l'art de M. Nodier à flatter le pouvoir, son adresse à faire valoir des sciences imaginaires. D'abord il déguise son nom, puis, à chaque page, il exalte un héros républicain. C'est ainsi qu'il faisait sa cour. Son but, me dit-on, fut de rassurer le gouvernement sur les dispositions de l'armée, de tromper l'armée elle-même, en lui persuadant que son dévouement à l'empereur n'était point partagé par ses chefs. Quoi qu'il en soit, nul lecteur impartial n'imputera des calculs intéressés à l'auteur de ce petit ouvrage ; il n'y verra qu'un artifice littéraire, et non une invention de la vanité.

Hâtons-nous de quitter le terrain de la politique pour suivre M. Nodier dans ses travaux littéraires, que désormais la mort seule devait arrêter. Ses études, ses préférences de jeunesse, l'ardeur de son imagination, l'associaient naturellement aux écrivains qui réclamaient pour la France un peu de cette liberté des littératures étrangères. C'était encore la guerre qui s'offrait à lui, mais une guerre

courtoise, des combats de savoir et d'esprit. Vous
en étiez les juges, messieurs, et vous adoptiez les
vainqueurs, quelle que fût leur devise. Dans cette
lutte nouvelle, M. Nodier se distingua d'abord,
bien que ses premiers ouvrages se ressentissent de
cette exagération en quelque sorte fatale, où la
polémique entraîne les esprits les plus sages et les
plus mesurés. Il reprochait à nos maîtres de sacrifier le naturel à une majesté de convention ; et les
héros de *Jean Sbogar* et de *Thérèse Aubert* sont plutôt
les fantômes d'une imagination exaltée que des êtres
réels. Ces défauts, qui sont moins les siens, peut-
être, que ceux de toute école à son début, disparais-
sent dans les productions dues à la maturité de son
talent. On sent que l'auteur, plus sûr de lui-même,
abandonne les combinaisons extraordinaires pour
étudier la nature de près, et pour y découvrir des
ressorts simples, mais irrésistibles. Ses couleurs
sont vraies, sans cesser d'être artistement nuancées ;
ses caractères excitent la sympathie, parce qu'ils
appartiennent à l'humanité. Il sut donner de la
vraisemblance aux compositions les plus fantastiques ; car imitant les Grecs, il revêtit ses chi-
mères de formes prises dans la nature. A cette
époque de son talent nous devons les *Souvenirs de*

jeunesse, *Mademoiselle de Marsan*, la *Fée aux Miettes*, *Inès de las Sierras*, les *Souvenirs de la Révolution et de l'Empire*, récits charmants, pour lesquels il est difficile de trouver un nom ; sous sa plume, en effet, le roman, l'histoire, l'érudition, se transforment, se mêlent et se prêtent mutuellement leurs ressources. Il avait l'art de donner aux sujets les plus arides un attrait qui les rendait populaires. Ses *Voyages en Normandie et en Franche-Comté* apprirent à respecter nos vieux monuments, et vengèrent le moyen âge d'injustes dédains, Ses *Notions de linguistique*, publiées en feuilletons, étaient lues avec avidité par les gens du monde, et ses *Catalogues de livres*, destinés en apparence à une petite classe d'érudits, ont associé les financiers eux-mêmes aux recherches et aux passions des bibliophiles.

Son goût pour l'originalité l'égara quelquefois. D'illustres savants ont condamné son système sur la formation du langage, qu'il attribue à l'imitation des bruits naturels, réduisant tous les mots à des métaphores empruntées aux onomatopées. Jamais d'ailleurs un vain désir de briller ne lui fit attaquer les opinions reçues. Toujours ce fut avec une conviction, au moins momentanée, qu'il produisit ses théories, et s'il abusa parfois de la sou-

plesse de son talent pour défendre des causes dés-
espérées, c'est que, chez un poëte, l'imagination a
sa conscience, qui défie les arguments de la raison.

Partisan déclaré de l'innovation, il s'arrêta devant la langue de Pascal et de Bossuet, et ne cessa
de la regarder comme l'arche sainte à laquelle il
est défendu de toucher. Dans ses conceptions, il
poussa peut-être quelquefois la hardiesse jusqu'à
la bizarrerie, mais il régla toujours son style sur
les meilleurs modèles. Sa phrase demeura claire,
facile, harmonieuse. *Smarra*, le plus étrange de
ses récits fantastiques, semble le rêve d'un Scythe
raconté par un poëte de la Grèce.

M. Nodier connaissait trop bien le génie français pour que le style ne fût pas l'objet de ses
constantes études. Dès le moyen âge, aussitôt que
le parler gaulois devient une langue écrite, on le
travaille. A peine les mots existent-ils, et déjà on
les discute, on les choisit. Ils reçoivent du goût
public une espèce de consécration qui les rend
précis, c'est-à-dire durables, et qui donne à notre
idiome cette clarté dont il s'enorgueillit justement.
En France, à toutes les époques et dans toutes les
conditions, les hommes éminents se sont piqués de
bien écrire. Politique, guerrier, courtisan, quicon-

que a dû s'adresser à des Français, s'est présenté devant des juges qu'on ne peut convaincre à moins de les séduire. Cette séduction a ses règles aussi, qu'il faut, pour ainsi dire, dérober aux grands maîtres. J'ai dit que M. Nodier les rechercha particulièrement dans nos auteurs du xvi⁰ siècle, chez lesquels l'art, encore mêlé d'une naïveté primitive, laisse plus facilement deviner et surprendre ses secrets. Déjà La Fontaine avait emprunté à Rabelais ces tours libres et vifs que lui refusait le langage de son temps, peut-être un peu trop exclusif et cérémonieux dans sa politesse. Puisant à la même source, M. Nodier, m'a-t-on dit, copia trois fois de sa main Rabelais tout entier, afin de se l'assimiler en quelque sorte. En effet, pour un esprit si curieux de la perfection des détails, c'était le modèle par excellence. L'historien de Gargantua n'a pas, il est vrai, une seule page qu'on puisse lire tout haut, mais il n'a pas une ligne qui n'offre un sujet de méditations à qui veut écrire notre langue. Nul mieux que lui ne sut donner à sa pensée cette forme, je dirai si française, que chacune de ses phrases est comme un proverbe national. Nul mieux que lui ne connut ce que la position d'un mot peut ôter ou ajouter de grâce à une période. Esprit cultivé

par la connaissance la plus approfondie de l'anti
quité classique, Rabelais, vivant à la cour, mais
nourri parmi le peuple, savait de Platon que le
peuple est le meilleur maître de langue. Sentiments
élevés, finesse, bon sens,.... que manque-t-il à
Rabelais? une grande qualité, sans doute. Satirique et railleur impitoyable, il ne connut jamais
cette douce sensibilité qui établit un lien intime
entre un écrivain et son lecteur. Mais il vivait
dans un siècle rude et cruel. La guerre commençait contre la pensée et l'intelligence ; les bûchers
s'allumaient autour de lui ; il combattait, et ce
n'est pas sur le champ de bataille qu'il faut s'at-
tendrir.

Né dans un temps plus malheureux peut-être,
mais plus éclairé, M. Nodier n'emprunte à Rabelais
que l'ingénieux mécanisme de son style. Il trouve
dans son propre cœur le moyen de plaire et de
toucher. Son âme tout entière se reflète dans ses
écrits, qui semblent inspirés par la maxime de
Térence :

Homo sum ; humani nihil a me alienum puto.

On peut dire de M. Nodier qu'il était tout imagination et tout cœur. De là les qualités si origi-

nales qui brillent dans ses ouvrages; de là aussi leurs imperfections. Pourquoi le tairais-je en effet? N'y a-t-il pas telle critique qui est encore un éloge? Cet homme, qui occupe une place si particulière dans la littérature contemporaine, a-t-il fait tout ce qu'il pouvait faire? Quand on relit ces vers charmants échappés, pour ainsi dire, à sa première jeunesse, on se demande comment s'est tue cette voix mélodieuse qui nous eût rendu peut-être André Chénier. Quand on admire cette prose savante où l'art des mots et des tournures n'ôte rien à l'élégante facilité du langage, on regrette qu'un si merveilleux instrument n'ait pas été employé à des œuvres plus sérieuses; on voudrait qu'il eût moins sacrifié à des goûts fugitifs, et, si j'ose m'exprimer ainsi, à des modes littéraires. Si l'on se rappelle enfin ce que vous savez, messieurs, mieux que personne, à quel degré M. Nodier possédait la connaissance grammaticale de notre langue, ses origines et ses transformations, on déplore amèrement qu'il n'ait pas laissé après lui quelqu'un de ces grands ouvrages dans lesquels la science du passé devient la règle du présent et le guide de l'avenir. « *Il ne suffit pas*, a dit La Rochefoucauld, *d'avoir de grandes qualités, il faut en avoir l'économie.* » Cette économie

a manqué peut-être à M. Nodier : esclave du caprice, pressé souvent par la nécessité, il travaillait au jour le jour ; cédant sans cesse aux sollici-
tations des libraires, qui osaient tout demander à
un homme dont la bonté ne savait rien refuser...
Je m'arrête, messieurs ; car je m'aperçois que je
fais plutôt la critique de mon temps que celle des
écrits de M. Nodier. Pour lui, modeste jusqu'à
l'humilité, sa seule faute fut de ne pas employer
tous les dons précieux qu'il avait reçus en partage.
La postérité, dont il ne s'est point assez occupé,
conservera sa mémoire ; la faveur, qui de nos jours
accueillit ses ouvrages, ne l'abandonnera pas :
le moyen d'être sévère pour celui qu'on ne peut
lire sans l'aimer !

V

J. J. AMPÈRE [1]

Monsieur,

Les grands événements qui ont changé la face de
la France ont été pour vous l'occasion d'une disgrâce. Une voix éloquente devait célébrer votre entrée dans cette compagnie ; mais notre directeur,
fidèle à ses devoirs de citoyen et d'homme public,
n'a pas cru devoir dérober un instant aux soins de
l'utile administration qu'il dirige. Vous regretterez
sans doute, avec cette assemblée, l'absence de
M. Lebrun ; pour moi, forcé d'occuper, tout à coup,
dans cette solennité une place qu'il eût mieux

1. Réponse au discours de réception de M. Ampère à l'A-
cadémie française prononcé le 18 mai 1848.

remplie, j'ai couru, pour ainsi dire, au-devant de vous, sans prendre même le soin de préparer un discours ni d'étudier mon langage. Je savais, monsieur, et ce sera mon excuse auprès de vous, que l'Académie était moins soucieuse de m'entendre qu'impatiente de vous recevoir dans son sein. La mission que je dois au hasard est bien douce pour moi. Il y a trente ans, vous vous en souvenez, nous étions assis sur les bancs du même collége; maintenant, c'est à l'Académie que nous nous retrouvons, ou plutôt, sans nous être jamais quittés, poursuivant chacun des études chéries, nous leur devons, l'un et l'autre, la plus flatteuse distinction que puisse ambitionner un homme de lettres.

Je n'essayerai point, après vous, de faire l'éloge de M. Guiraud; vous avez rendu toute justice à ses remarquables ouvrages, à son noble caractère. Vous nous l'avez peint tel que ses livres l'ont fait connaître, tel que l'appréciait le cercle choisi de son intimité. Permettez-moi seulement d'ajouter quelques mots pour vous le montrer tel qu'on l'a vu dans cette compagnie, où il laisse de si honorables souvenirs.

M. Guiraud apportait dans nos réunions cette vivacité méridionale, toujours mêlée d'une exquise

politesse, qui donnait un charme particulier à sa
conversation. Dans nos discussions littéraires, il
s'exprimait souvent avec un feu qui laissait voir
toute la sincérité de ses opinions, mais son ardeur
ne tendait qu'à persuader ce qu'il croyait juste et
vrai ; jamais il ne se proposa la gloire de briller
dans le débat. Bon et candide, parfois il se prenait à
douter de lui-même, et si la réflexion lui présentait
quelque motif d'incertitude, il s'empressait de fournir des armes à ses adversaires déjà convaincus.
Personne ne mit plus de zèle et d'impartialité dans
l'examen des ouvrages envoyés aux concours que
propose et que juge l'Académie. M. Guiraud s'attachait, avec une scrupuleuse exactitude, à découvrir,
dans toutes les compositions, les traces du talent et
de l'originalité. Il se plaisait à relever les traits
heureux ; les fautes l'affligeaient, même d'un auteur
inconnu. Sa paternelle bienveillance pour les
jeunes littérateurs contrastait avec son goût épuré.
Si le juge était indulgent, le poëte était sévère.
Il fut, pour tout dire en un mot, selon l'expression
de Racine, il fut « un très-bon académicien. » Il
aimait notre compagnie autant qu'il en était aimé ;
et nous avons le regret de penser que sa mort fut
hâtée peut-être par le désir qu'il eut de se trou-

ver avec nous, sans consulter ses forces épuisées.

Nous savons, monsieur, que vous apporterez dans vos réunions un zèle aussi louable, un jugement non moins éclairé. Nous ne doutons pas que vous preniez une part active à nos travaux. Depuis plusieurs années, l'Académie s'occupe d'un *Dictionnaire historique* de notre langue. Vos brillantes études sur nos auteurs de toutes les époques vous garantissent un concours utile et empressé. Une autre classe de l'Institut a décerné trois fois le prix fondé par le baron Gobert à votre *Histoire littéraire de la France avant le* XIIe *siècle*, et à vos *Recherches sur la formation de la langue française.* Ce sont des travaux déjà devenus classiques. Nous les revendiquons, monsieur, et nous vous prions de les continuer parmi nous.

Peu d'écrivains se sont livrés à la critique littéraire avec les avantages qui vous sont particuliers, et que vous devez aux leçons de votre illustre père, à de nobles amitiés, à la singulière variété de vos connaissances. Français par le style comme par le cœur, vous vous êtes si bien approprié l'esprit des littératures étrangères, que vous avez pu contempler la nôtre d'un point de vue plus élevé, et la juger avec l'impartialité d'un cosmopolite. Voyageur infatigable, vous êtes allé étudier dans la savante Allemagne, et jusque dans le Scandinavie, les traditions et les antiques croyances des peuples qui, après avoir renversé l'empire romain, inondèrent la Gaule et modifièrent ses mœurs, sa langue et sa nationalité même. Auprès des plus beaux génies de l'Allemagne, vous avez admiré leur liberté et leur audace, mais vous avez remarqué en même temps les exagérations et les témérités de leur école. Des poëtes du Nord vous doivent une célébrité que leurs langues ignorées semblaient séparer, comme les Bretons de Virgile, du reste de l'univers. La belle Italie vous a retenu longtemps ; vous nous avez décrit Rome en artiste, en antiquaire, en historien ; sur les traces du chantre sublime du moyen âge, vous avez recherché, dans tous les lieux qu'habita le Dante, les sources de ses divines inspirations. Vous l'avez dit, monsieur, *on ne comprend pas bien le coloris d'un poëte, si l'on ne connaît son soleil.* J'ai appris avec vous, en Grèce et en Asie-Mineure, qu'il n'y a pas de soleil assez ardent pour vous décourager dans vos explorations. Tour à tour vous avez parcouru la Béotie, que ceint de toutes parts un mur de rochers stériles, et la riante Ionie, aux riches plaines, aux montagnes toujours couvertes de verdure. En comparant des lieux si différents d'aspect, vous compariez la muse d'Hésiode et celle d'Homère, et par les contrastes de la nature vous expliquiez ingénieusement le caractère des deux grands poëtes de la Grèce. L'Égypte, qui n'a que la poésie muette de ses gigantesques ruines, a failli faire de vous un nouveau martyr de la science; mais vous avez bien vite oublié les rigueurs d'un climat inhospitalier, pour nous peindre les sites majestueux que vous avez traversés, et les monuments étranges qui, grâce aux découvertes de Champollion, vous ont révélé quelques-uns de leurs mystères.

Je ne citerais pas vos recherches sur les littératures de l'Orient, sur les épopées indienne et persane, sur le théâtre chinois, si ces travaux, qui vous ont ouvert les portes d'une autre Académie, ne se rattachaient pas à vos études générales sur l'invention poétique et *la critique comparée*, cette science nouvelle, dont un illustre professeur, autrefois notre maître, maintenant notre confrère, a fondé la méthode. Il vous appartenait, monsieur, de lui donner les développements les plus étendus, en rapprochant avec sagacité les littératures de l'Orient et de l'Occident. L'érudition, avec son ap-

pareil quelquefois effrayant, se dissimule sous
votre plume et prend une forme attrayante. Vous
nous cachez votre labeur pour ne nous en montrer
que les fruits. Dans vos ouvrages, même les plus
étrangers au but de nos exercices, nous ne pouvions
méconnaître le mérite d'un style toujours clair et
élégant; nous devions enfin vous savoir gré d'avoir
initié toutes les classes de lecteurs aux récentes découvertes de la philologie orientale. Vous avez satisfait ainsi cette noble curiosité, qui de nos jours
succède à une indifférence trop orgueilleuse peut-
être, mais excusable chez un peuple qui se glorifie
d'un Bossuet, d'un Corneille, d'un Molière.

Tandis que dans des littératures si diverses, vous
recherchiez toutes les sources du beau avec la patience et la sagacité d'un antiquaire, votre goût tout
français, et votre esprit aussi fécond pour produire
qu'ingénieux pour interpréter, donnaient à vos
ouvrages critiques le caractère d'une œuvre originale. Le poëte s'y décèle à la vivacité de ses impressions, à des traits partis du cœur, qui vous échap-
pent comme involontairement, au milieu même des
études les plus arides. En vain une soif inextin-
guible d'acquérir des connaissances nouvelles vous
entraîne d'un pays à un autre et vous oblige à in-

terroger tour à tour les livres et les hommes, il vous arrive souvent de vous renfermer seul avec vous-même et de tout oublier pour la poésie. « A Rome, » dit un célèbre Allemand, Goëthe, dont vous avez recueilli les derniers chants, « il y a au milieu du peuple romain tout un peuple de statues. De même, en dehors du monde, il y a un monde imaginaire, au milieu duquel vivent quelques hommes. » On s'aperçoit que vous vivez parmi les statues de Rome, même lorsque vous tracez si fidèlement le portrait moderne de la ville éternelle. Je ne trahirai point les confidences de l'amitié, et je respecterai votre modestie. Permettez-moi d'espérer seulement que des vers répétés par un petit nombre d'amis recevront bientôt du public le suffrage flatteur qu'il accorde à vos autres productions.

Vous avez dit éloquemment, monsieur, que nous devons être fiers d'appartenir à un âge du monde où l'intelligence humaine a pris un essor si merveilleux. Et ce qui n'est pas moins admirable que les découvertes sublimes dont vous venez de nous entretenir, c'est l'étonnante facilité qu'elles trouvent aujourd'hui à se répandre et à se propager. Autrefois, le génie, le savoir, l'esprit même encouraient facilement la persécution, et il fallait presque

le courage d'un martyr pour être un bienfaiteur
de l'humanité. Maintenant, le monde entier entoure
de son respect et de sa reconnaissance quiconque a
trouvé une vérité utile. Le bon sens est descendu
dans toutes les classes de la société. Les idées grandes et généreuses rencontrent partout des approbateurs enthousiastes. C'est à notre nation surtout,
c'est à nos écrivains que revient l'honneur de cette
glorieuse propagande de la raison. Il y a un demi-
siècle, la France enfantait quatorze armées victo-
rieuses pour défendre son indépendance : aujour-
d'hui, en reprenant avec orgueil le grand nom
de République Française, elle n'a besoin, pour conquérir les sympathies de l'Europe, que de déployer
sa bannière et d'y montrer ces deux mots écrits :
Ordre et liberté.

VI

HENRI BEYLE

(STENDHAL)

— NOTES ET SOUVENIRS[1] —

I

Il y a un passage de l'Odyssée qui me revient en mémoire. Le spectre d'Elpénor apparaît à Ulysse et lui demande les honneurs funèbres :

Μὴ μ᾽ ἄκλαυτου, ἄθαπτου ἰων ὄπιθεν καταλείπειν
« Ne me laisse pas sans être pleuré, sans être enterré. »

1. En 1850, Prosper Mérimée publia sur Henri Beyle (Stendhal) une brochure anonyme intitulée H. B. Nous en reproduisons ici toute la partie qu'il n'a pas replacée lui-même dans la notice qu'on trouvera plus loin, notice écrite en 1865 pour accompagner la publication des œuvres complètes de cet écrivain. (*Note des éditeurs.*)

Aujourd'hui, l'enterrement ne manque à personne, grâce à un règlement de police ; mais, nous autres païens, nous avons aussi des devoirs à remplir envers nos morts, qui ne consistent pas seulement dans l'accomplissement d'une ordonnance de grande voirie. J'ai assisté à trois enterrements païens : celui de Sautelet, qui s'était brûlé la cervelle ; son maître, grand philosophe, Cousin et ses amis, eurent peur des honnêtes gens et n'osèrent parler ; — celui de M. Jacquemont : il avait défendu les discours ; — celui de Beyle enfin. Nous nous y trouvâmes trois, et si mal préparés, que nous ignorions ses dernières volontés. Chaque fois, j'ai senti que nous avions manqué à quelque chose, sinon envers le mort, du moins envers nous-mêmes. Qu'un de nos amis meure en voyage, nous aurons un vif regret de ne pas lui avoir dit adieu au moment du départ. Un départ, une mort doivent se célébrer avec une certaine cérémonie, car il y a là quelque chose de solennel. Ne fût-ce qu'un repas, une association de pensées régulières, il faut quelque chose. Ce quelque chose c'est ce que demande Elpénor ; ce n'est pas seulement un peu de terre qu'il réclame, c'est un souvenir.

J'écris les pages suivantes pour suppléer à ce

que nous ne fîmes point aux funérailles de Beyle.
Je veux partager avec quelques-uns de ses amis mes
impressions et mes souvenirs.

Beyle, original en toute chose, ce qui est un vrai
mérite par ce temps de mœurs effacées, se piquait
de libéralisme, et était, au fond de l'âme, un aris-
tocrate achevé. Il ne pouvait souffrir les sots; il
avait pour les gens qui l'ennuyaient une haine fu-
rieuse, et, de sa vie, il n'a pas su bien nettement
distinguer un méchant d'un fâcheux.

Il affichait un profond mépris pour le caractère
français et il était éloquent à faire ressortir tous les
défauts dont on accuse, à tort sans doute, notre
grande nation : légèreté, étourderie, inconséquence
en paroles et en actions. Au fond, il avait à un
haut degré ces mêmes défauts, et pour ne parler
que de l'étourderie, il écrivit un jour à M. de Bro-
glie, ministre des affaires étrangères, une lettre
chiffrée et lui transmit le chiffre sous la même en-
veloppe.

Toute sa vie, il fut dominé par son imagination
et ne fit rien que brusquement et d'enthousiasme.
Cependant, il se piquait de n'agir que conformé-
ment à la raison : « Il faut en tout se guider par
la lo...gique, » disait-il en mettant un intervalle

entre la première syllabe et le reste du mot, mais il souffrait impatiemment que la logique des autres ne fût pas la sienne. D'ailleurs, il ne discutait guère. Ceux qui ne le connaissaient pas attribuaient à un excès d'orgueil ce qui n'était peut-être que le respect des convictions des autres : « Vous êtes un chat, je suis un rat, » disait-il souvent pour terminer la discussion...

En 1813, Beyle fut témoin involontaire de la déroute d'une brigade entière, chargée inopinément par cinq cents Cosaques. Beyle vit courir environ deux mille hommes, dont cinq généraux reconnaissables à leur chapeau brodé. Il courut comme les autres, mais mal, n'ayant qu'un pied chaussé et portant une botte à la main. Dans tout ce corps français, il ne se trouva que deux héros qui firent tête aux Cosaques : un gendarme nommé Menneval et un conscrit qui tua le cheval du gendarme en voulant tirer sur les Cosaques. Beyle fut chargé de raconter cette panique à l'empereur, qui l'écoutait avec une fureur concentrée, en faisant tourner une de ces machines de fer qui servent à fixer les persiennes. On chercha le gendarme pour lui donner la croix, mais il se cachait et nia d'abord qu'il eût été à l'affaire, persuadé que rien n'est si mauvais

que d'être remarqué dans une déroute. Il croyait
qu'on voulait le fusiller.

Sur l'amour Beyle était plus éloquent que sur la
guerre. Je ne l'ai jamais vu qu'amoureux ou croyant
l'être ; mais il avait eu deux amours-passions (je
me sers d'un de ses termes) dont il n'avait jamais
pu guérir. L'un, le premier en date, je crois, lui
avait été inspiré par madame C... alors dans tout
l'éclat de sa beauté. Il avait pour rivaux bien des
hommes puissants, entre autres un général fort
en faveur, Caulaincourt, qui abusa un jour de sa
position pour obliger Beyle à lui céder sa place
auprès de la dame.

Le soir même, Beyle trouva moyen de lui faire
tenir une petite fable de sa composition, dans laquelle il lui proposait allégoriquement un duel. Je ne
sais si la fable fut comprise, mais on n'accepta pas
la moralité, et Beyle reçut une verte semonce de
M. Daru, son parent et son protecteur. Il n'en continua pas moins ses poursuites.

Beyle m'a toujours paru convaincu de cette idée,
très-répandue sous l'Empire, qu'une femme peut
toujours être prise d'assaut et que c'est pour tout
homme un devoir d'essayer :

Ayez-la ; c'est d'abord ce que vous lui devez [1].

me disait-il, quand je lui parlais d'une femme dont j'étais amoureux.

Je n'ai connu personne qui fût plus galant homme à recevoir les critiques sur ses ouvrages : ses amis lui parlaient toujours sans le moindre ménagement. Plusieurs fois, il m'envoya des manuscrits qu'il avait déjà communiqués à Victor Jacquemont et qui revenaient avec des notes marginales, comme celles-ci : « détestable, — style de portier, etc. ; » quand il fit paraître son livre *de l'Amour*, ce fut à qui s'en moquerait davantage (au fond, fort injustement) : jamais ces critiques n'altérèrent ses relations avec ses amis.

Il écrivait beaucoup et travaillait longtemps ses ouvrages, mais, au lieu d'en corriger l'exécution, il en refaisait le plan. S'il effaçait les fautes d'une première rédaction, c'était pour en faire d'autres,

---

1. Ayez-la ; c'est d'abord ce que vous lui devez,
   Et vous l'estimerez après si vous pouvez.

Nodier fait remarquer, à propos de cette acception consacrée par la chaste muse de Gresset, que la licence des anciens comiques n'est jamais allée aussi loin que le bon ton.

car je ne sache pas qu'il ait jamais essayé de corriger son style : quelque raturés que fussent ses manuscrits, on peut dire qu'ils étaient toujours écrits de premier jet.

Ses lettres sont charmantes, c'est sa conversation même.

Il était très-gai dans le monde, fou quelquefois, négligeant trop les convenances et les susceptibilités. Souvent il était de mauvais ton, mais toujours spirituel et original. Bien qu'il n'eût de ménagements pour personne, il était facilement blessé par des mots échappés sans malice : « Je suis un jeune chien qui joue, me disait-il, et on me mord. » Il oubliait qu'il mordait parfois lui-même et assez serré : c'est qu'il ne comprenait guère qu'on pût avoir d'autres opinions que les siennes sur les choses et sur les hommes. Par exemple, un prêtre et un royaliste étaient toujours pour lui des hypocrites.

Ses opinions sur les arts et la littérature ont passé pour des hérésies téméraires lorsqu'il les a produites. Lorsqu'il mettait Mozart, Cimarosa, Rossini, au-dessus des faiseurs d'opéras-comiques de notre jeunesse, il soulevait des tempêtes : c'est alors qu'on l'accusait de n'avoir pas des *sentiments français*.

Il est pourtant très-Français dans ses opinions sur la peinture, bien qu'il prétende la juger en Italien. Il apprécie les maîtres avec les idées françaises, c'est-à-dire au point de vue littéraire. Les tableaux des écoles d'Italie sont examinés par lui comme des drames. C'est encore la façon de juger en France, où l'on n'a ni le sentiment de la forme, ni un goût inné pour la couleur. Il faut une sensibilité particulière et un exercice prolongé pour aimer et comprendre la forme et la couleur. Beyle prête des passions dramatiques à une Vierge de Raphaël. J'ai toujours soupçonné qu'il aimait les grands peintres des écoles lombarde et florentine parce que leurs ouvrages le faisaient penser à bien des choses auxquelles sans doute les maîtres ne pensaient pas. C'est le propre des Français de tout juger par l'esprit. Il est juste d'ajouter qu'il n'y a pas de langue qui puisse exprimer les finesses de la forme ou la variété des effets de la couleur. Faute de pouvoir exprimer ce qu'on sent, on décrit d'autres sensations qui peuvent être comprises par tout le monde.

Il sentait mieux la sculpture de Canova que toute autre, même que les statues grecques ; peut-être est-ce parce que Canova a travaillé pour les gens de lettres. Il s'est beaucoup plus préoccupé des idées qu'il exciterait dans un esprit cultivé que de l'impression qu'il pourrait produire sur un œil qui aime et qui connaît la forme.

La police de l'Empire pénétrait partout, à ce qu'on prétend, et Fouché savait tout ce qui se disait. Beyle était persuadé que cet espionnage gigantesque avait conservé tout son pouvoir occulte....... Tous ses amis avaient leur nom de guerre et jamais il ne les appelait d'une autre façon. Personne n'a su exactement quels gens il voyait, quels livres il avait écrits, quels voyages il avait faits.

Je m'imagine que quelque critique du xxe siècle découvrira les livres de Beyle dans le fatras de la littérature du xixe, et qu'il leur rendra la justice qu'ils n'ont pas trouvée auprès des contemporains. C'est ainsi que la réputation de Diderot a grandi au xixe siècle, c'est ainsi que Shakspeare, oublié du temps de Saint-Evremond, a été découvert par Garrick. Il serait bien à désirer que les lettres de Beyle fussent publiées un jour [1] ; elles feraient connaître et aimer un homme dont l'esprit et les excellentes qualités ne vivent plus que dans la mémoire d'un petit nombre d'amis.

1. Ce vœu a été réalisé depuis.

II

J'ai connu Beyle vers 1820 ; depuis cette époque jusqu'à sa mort, malgré la différence de nos âges, nos relations ont toujours été intimes et suivies. Peu d'hommes m'ont plu davantage ; il n'y en a point dont l'amitié m'ait été plus précieuse. Sauf quelques préférences et quelques aversions littéraires, nous n'avions peut-être pas une idée en commun, et il y avait peu de sujets sur lesquels nous fussions d'accord. Nous passions notre temps à nous disputer l'un et l'autre de la meilleure foi du monde, chacun soupçonnant l'autre d'entêtement et de paradoxe ; au demeurant bons amis, et toujours charmés de recommencer nos discussions. Quelque temps je l'ai soupçonné de viser à l'originalité. J'ai fini par le croire parfaitement sincère. Aujourd'hui, rappelant tous mes souvenirs, je suis persuadé que ses bizarreries étaient très-naturelles, et ses paradoxes le résultat ordinaire de l'exagération où la contradiction entraîne insensiblement.

Alceste est parfaitement naturel et de bonne foi lorsque, pressé d'exprimer quelques regrets d'avoir été si rigoureux pour les vers d'Oronte, il s'écrie « qu'un homme est pendable après les avoir faits. » Les boutades de Beyle n'étaient, à mon avis, que l'expression exagérée d'une conviction profonde.

Je n'ai jamais su d'où lui venaient ses opinions sur un sujet où il avait le malheur de se trouver en opposition avec presque tout le monde. Ce que j'ai appris de sa première éducation se réduit à ce seul fait : que, fort jeune, il avait été confié aux soins d'un ecclésiastique vieux et morose, dont la discipline lui avait laissé une rancune qui ne s'effaça jamais. A la vérité, l'esprit de Beyle se révoltait contre toute contrainte et même contre toute autorité. On pouvait le séduire, et la chose était facile pourvu qu'on l'amusât; mais lui imposer une opinion était impossible, car quiconque prenait dans ses rapports avec lui l'apparence d'une supériorité le blessait au vif. Il racontait avec amertume, après quarante ans, qu'un jour, ayant déchiré en jouant un habit neuf, l'abbé chargé de son éducation le réprimanda vertement pour ce méfait devant ses camarades, et lui dit « qu'il était une honte pour la religion et pour sa famille. »

Voilà une de ces exagérations dont je parlais tout à l'heure. Nous riions quand Beyle nous racontait cette histoire ; mais lui n'y voyait qu'une tyrannie cléricale et une horrible injustice, où il n'y avait pas le mot pour rire, et il sentait aussi vivement qu'au premier jour la blessure faite à son jeune amour-propre.

« Nos parents et nos maîtres, disait-il, sont nos ennemis naturels quand nous entrons dans le monde. » C'était un de ses aphorismes. On pense bien que ce ne fut pas à ses précepteurs qu'il emprunta ses croyances. Il citait souvent Helvétius avec grande admiration, et même il m'obligea de lire le livre *de l'Esprit* ; mais jamais, à ma prière, il ne consentit à le relire. Je suppose qu'il y avait pris, entre autres opinions, celle de l'égalité des intelligences humaines. Du moins il ne pouvait se persuader que ce qui lui semblait faux pût paraître véritable à un autre. Il s'imaginait, et de très-bonne foi, je pense, qu'au fond chacun partageait ses idées, mais qu'on tenait un autre langage par intérêt, par affectation, par mode ou par entêtement. Il était fort impie, matérialiste outrageux, ou, pour mieux dire, ennemi personnel de la Providence, peut-être par suite de l'aphorisme que je rapportais tout à l'heure. Il niait Dieu, et, nonobstant, il lui en voulait comme à un maître. Jamais il n'a cru qu'un dévot fût sincère. Je pense que le long séjour qu'il avait fait en Italie n'avait pas peu contribué à donner à son esprit cette tournure irréligieuse et agressive qui se montre dans tous ses ouvrages, et qu'on lui a si vivement reprochée.

M. Sainte-Beuve, avec sa sagacité ordinaire, a signalé un des traits les plus frappants du caractère de Beyle : l'inquiétude d'être pris pour dupe et une constante préoccupation de se garantir de ce malheur. De là, cet endurcissement factice, cette analyse désespérante des mobiles bas de toutes les actions généreuses, cette résistance aux premiers mouvements du cœur, beaucoup plus affectée que réelle chez lui, à ce qu'il me semble. L'aversion et le mépris qu'il avait pour la fausse sensibilité le faisaient tomber souvent dans l'exagération contraire, au grand scandale de ceux qui, ne le connaissant pas intimement, prenaient à la lettre ce qu'il disait de lui-même. Non-seulement il n'attachait aucune importance à rectifier les interprétations plus ou moins malveillantes qu'on donnait à ses paroles ou à ses écrits, mais encore il trouvait un malin plaisir, de vanité, je pense, à passer aux yeux des gens pour un monstre d'immoralité. Il a dit, dans je ne sais laquelle de ses préfaces : « Je n'écris que pour une vingtaine de personnes que je n'ai jamais vues, mais qui me comprennent, j'espère.. » Pour lui, il n'y avait dans le monde que deux espèces de gens : ceux avec qui il s'amusait, et ceux auprès desquels il s'ennuyait. Faire le moindre sacrifice, se donner la moindre peine pour se concilier l'estime ou l'affection des derniers, c'était s'exposer à des relations qui lui étaient insupportables. L'esprit indépendant, ou, si l'on veut, vagabond, de Beyle se refusait à toute contrainte. Tout ce qui gênait sa liberté lui était odieux, et je ne sais pas trop s'il faisait une distinction bien nette entre un ennuyeux et un méchant homme. Sa curiosité constante de connaître toús les mystères du cœur humain l'attirait même parfois auprès des gens pour lesquels il avait peu d'estime. « Mais, disait-il, au moins avec eux il y a quelque chose à apprendre. » D'ailleurs, son esprit fier, loyal, incapable d'une bassesse, l'éloignait de pareille compagnie dès qu'il s'y rencontrait quelque avantage autre qu'une satisfaction de curiosité.

Ses jugements sur les hommes et les choses étaient dictés le plus souvent par le souvenir de l'ennui ou du plaisir qu'il en avait éprouvé. Il ne pouvait endurer l'ennui et partageait l'avis de ces docteurs en médecine qui autorisèrent le duc de Lauraguais à poursuivre au criminel un ennuyeux pour tentative d'homicide. Il n'est sorte d'exagérations que sa mauvaise humeur ne lui suggérât contre les livres ou les gens qui avaient eu le malheur de le faire bâiller. Homme d'imagination et de premier mouvement, Beyle n'en avait pas moins de grandes prétentions à raisonner tout et à se conduire en tout selon les règles de la logique. Ce mot revenait souvent dans sa conversation, et ses amis se souviennent de l'emphase particulière qu'il mettait à le prononcer lentement, séparant les deux syllabes par une virgule : la LO, GIQUE. C'était toujours la logique qui devait nous guider dans toutes nos actions : mais la sienne n'était pas celle de tout le monde, et l'on était parfois assez embarrassé pour deviner le fil de ses raisonnements. Je me souviens qu'un jour nous voulûmes faire ensemble un drame dont le héros, coupable d'un crime, avait des remords. « Pour se délivrer d'un remords, que dit la LO-GIQUE ? » Il réfléchit un instant : — « Il faut fonder une école d'enseignement mutuel. » Notre drame en resta là.

Il disait qu'à son entrée dans la vie un homme

devait avoir toute prête sa provision de maximes pour les accidents qui se présentent le plus ordinairement. Une fois qu'on les a adoptées, il ne faut plus les discuter; il suffit d'examiner rapidement si le cas particulier, au sujet duquel on est perplexe, peut se résoudre par un des préceptes généraux qu'on a dans sa réserve. — Ne jamais pardonner un mensonge, — Saisir aux cheveux la première occasion de duel à son début dans le monde, — Ne jamais se repentir d'une sottise faite ou dite, voilà quelques-unes de ses maximes.

Bien qu'il n'ait jamais été très-hardi auprès des femmes, il prêchait la témérité aux jeunes gens : « On réussit, disait-il, une fois sur dix. Mettons une fois sur vingt; est-ce que la chance d'être heureux une fois ne vaut pas la peine de risquer dix-neuf affronts et même dix-neuf ridicules ? »

Il se moquait de moi en me voyant étudier le grec à vingt ans : « Vous êtes sur le champ de bataille, disait-il; ce n'est plus le moment de polir votre fusil : il faut tirer. »

Après les maximes, venaient les recettes, qu'il offrait garanties. Je m'en rappelle quelques-unes. Une des grandes causes de nos tourments, c'est la mauvaise honte. Pour un jeune homme, c'est une affaire que d'entrer dans un salon. Il s'imagine que tout le monde le regarde, et meurt de peur qu'il n'y ait quelque chose dans sa tenue qui ne soit pas absolument irréprochable. Un de nos amis souffrait plus que personne de cette timidité, et Beyle disait de lui que, lorsqu'il entrait dans le salon de Mme Pasta, on croyait toujours qu'il avait cassé quelque porcelaine dans l'antichambre : « Je vous conseille ma recette d'autrefois, lui disait-il. Entrez avec l'attitude que le hasard vous a fait prendre sur l'escalier ; convenable ou non, peu importe ; soyez comme la statue du Commandeur, et ne changez de maintien que lorsque l'émotion de l'entrée aura complétement disparu. »

Voici sa recette pour le premier duel : « Pendant qu'on vous vise, regardez un arbre et appliquez-vous à en compter les feuilles. Une préoccupation distrait d'une autre préoccupation plus grave. En ajustant votre adversaire, récitez deux vers latins, cela vous empêchera de tirer trop vite et remédiera au cinq pour cent d'émotion qui a envoyé tant de balles vingt pieds plus haut qu'il ne fallait. »

« Si vous vous trouvez seul avec une femme, je vous donne cinq minutes pour vous préparer à l'effort prodigieux de lui dire : *Je vous aime*. Dites-vous : « Je suis un lâche si je n'ai pas dit cela avant cinq minutes. » N'importe de quel air et dans quels termes vous ferez votre compliment. Suffit que la glace soit brisée et que vous soyez bien déterminé à vous mépriser vous-même si vous manquez de cœur. »

Beyle, qui prêchait l'*amour-goût*, était très-capable d'*amour-passion*. Il y avait une personne dont il ne pouvait prononcer le nom sans que sa voix s'altérât. En 1836, je le revis après une longue absence. Nous nous étions donné rendez-vous à une trentaine de lieues de Paris, et nous avions mille choses à nous dire. Nous devisâmes longtemps le soir, allant et revenant sur la promenade publique d'une petite ville, c'est-à-dire dans un des lieux les plus solitaires de la France. Là il me parla de ses amours avec une émotion profonde. C'est la seule fois que je l'aie vu pleurer. Une affection, qui datait de très-loin, n'était plus partagée. Sa maîtresse devenait raisonnable, et lui était demeuré fou comme à vingt ans. « Comment pouvez-vous m'aimer encore ? disait-elle. J'ai quarante-cinq ans. » — «Pour moi, me disait Beyle, elle a l'âge qu'elle avait lorsqu'elle s'est donnée à moi pour la première fois. » Il voyait dans un avenir prochain la rupture d'une

liaison qu'il avait toujours chérie. Une pensée à laquelle il rapportait tout allait être effacée. Il me
racontait les témérités d'autrefois de cette femme
aujourd'hui si prudente, et ses souvenirs le trans-
portaient. Puis, avec l'esprit d'observation qui ne
l'abandonnait jamais, il détaillait tous les petits
symptômes, toutes les indications d'indifférence
croissante qu'il avait dû remarquer. La LO-GIQUE
n'était pas oubliée. « Sa conduite, après tout, disait-
il, est raisonnable. Elle aimait le whist, elle ne l'aime plus ; tant pis pour moi si j'aime encore le whist.
Elle est d'un pays où le ridicule est le plus grand
de tous les malheurs. Aimer à son âge est ridicule.
Il y a dix-huit mois qu'elle risque ce malheur pour
moi. C'est pour moi dix-huit mois de bonheur que
j'ai volés. » Nous discutâmes longuement sur la vérité de ces vers du Dante :

> . . . . . Nessun maggior dolore
> Che ricordarsi del tempo felice
> Nella miseria.

Il prétendait que Dante avait tort, et que les
souvenirs du temps heureux sont partout et toujours
du bonheur. Je me souviens que je défendais le

poëte. Aujourd'hui il me semble que Beyle avait raison.

Il avait eu un autre amour en Italie dont il évitait de parler. Cependant il me raconta lui-même la fin tragique de cet amour. La dame avait un mari fort jaloux, à ce qu'elle prétendait, et qui l'obligeait à prendre de grandes précautions. Les entrevues ne pouvaient être que rares et accompagnées du plus profond mystère. Pour déjouer tous les soupçons, Beyle se résigna à se cacher dans une petite ville éloignée de dix lieues du séjour de la belle. Lorsqu'on lui donnait un rendez-vous, il partait incognito, changeait plusieurs fois de voiture pour dérouter les espions dont il se croyait entouré ; enfin, arrivant à la nuit close, bien enveloppé dans un manteau couleur de muraille, il était introduit dans la maison de sa maîtresse par une femme de chambre d'une discrétion éprouvée. Tout alla bien pendant quelque temps, jusqu'à ce que la femme de chambre, querellée par sa maîtresse ou gagnée par la générosité de Beyle, lui fit une révélation foudroyante : Monsieur n'était pas jaloux ; madame, malgré la bonne foi des dames italiennes, qu'il opposait sans cesse à la coquetterie des nôtres, n'exigeait tant de mystère que pour éviter que Beyle ne se rencontrât avec un rival, ou, pour mieux dire avec des rivaux, car il y en avait plusieurs, et la femme de chambre offrit d'en donner la preuve. Beyle accepta. Il vint à la ville un jour qu'il n'était pas attendu, et, caché par la femme de chambre dans un petit cabinet noir, il vit, *des yeux de la tête*, par un trou ménagé dans la cloison, la trahison qu'on lui faisait à trois pieds de sa cachette.

« Vous croirez peut-être, ajoutait Beyle, que je sortis du cabinet pour les poignarder? Nullement. Il me sembla que j'assistais à la scène la plus bouffonne, et mon unique préoccupation fut de ne pas éclater de rire pour ne pas gâter le mystère. Je sortis de mon cabinet noir aussi discrètement que j'y étais entré, ne pensant qu'au ridicule de l'aventure, en riant tout seul ; au demeurant plein de mépris pour la dame, et fort aise, après tout, d'avoir ainsi recouvré ma liberté. J'allai prendre une glace, et je rencontrai des gens de ma connaissance qui furent frappés de mon air gai, accompagné de quelque distraction ; ils me dirent que j'avais l'air d'un homme qui vient d'avoir une bonne fortune. Tout en causant avec eux et prenant ma glace, il me venait des envies de rire irrésistibles, et les ma-

rionnettes que j'avais vues une heure avant dan-
saient devant mes yeux. Rentré chez moi, je dormis
comme à l'ordinaire. Le lendemain matin, la vision
du cabinet noir avait cessé de m'apparaître sous
son aspect bouffon. Cela me sembla vilain, triste
et sale. Chaque jour cette image devint de plus en
plus triste et odieuse, chaque jour ajoutait un nouveau poids à mon malheur. Pendant dix-huit mois
je demeurai comme abruti, incapable de tout travail, hors d'état d'écrire, de parler et de penser.
Je me sentais oppressé d'un mal insupportable,
sans pouvoir me rendre compte nettement de ce que
j'éprouvais. Il n'y a pas de malheur plus grand,
car il ôte toute énergie. Depuis, un peu remis de
cette langueur accablante, j'éprouvais une curiosité singulière à connaître toutes les infidélités
qu'on m'avait faites. Cela me faisait un mal affreux ;
mais pourtant j'avais un certain plaisir physique
à me la représenter dans le cours de ses nombreuses trahisons. Je me suis vengé, mais bêtement,
par du persiflage. Elle s'affligea de notre rupture
et me demanda pardon avec larmes. J'eus le ridicule orgueil de la repousser avec dédain. Il me
semble encore la voir me suivre, s'attachant à mon
habit et se traînant à genoux le long d'une grande

galerie. Je fus un sot de ne pas lui pardonner, car assurément elle ne m'a jamais tant aimé que ce jour-là. »

La constante préoccupation de Beyle était l'étude des passions. Lorsque quelque provincial lui demandait quelle était sa profession, il répondait gravement : « Observateur du cœur humain. » [Un jour il fit cette réponse à un sot qui faillit en tomber à la renverse, s'imaginant que c'était un euphémisme pour dire espion de police.] Dans chaque anecdote pouvant servir à porter la lumière dans quelque coin du cœur, il retenait toujours ce qu'il appelait le *trait*, c'est-à-dire le mot ou l'action qui révèle la passion. *Se traîner à genoux*, voilà pour lui le trait dans l'historiette que je viens de raconter, et, selon son habitude de tirer des faits à lui particuliers des conclusions générales, il tenait que cette façon de faire était l'expression même du remords et de l'amour passionné.

Pour terminer sur le sujet de l'amour, Beyle croyait qu'il n'y avait de bonheur possible en ce monde que pour un homme amoureux. « Tout se peint en beau pour lui, disait-il. Je voudrais être amoureux de mademoiselle Flore des Variétés, et je ne porterais pas envie à don Juan. »

Après l'amour, la littérature avait la plus grande part dans les affections de Beyle. Il aimait. à lire et écrivait sans cesse. *Nulla dies sine linea*, me disait-il souvent, en me reprochant ma paresse. Quelques négligences qu'on remarque dans ses ouvrages, ils n'en étaient pas moins longuement travaillés. Tous ses livres ont été copiés plusieurs fois avant d'être livrés à l'impression ; mais ses corrections ne portaient guère sur le style. Il écrivait toujours rapidement, changeant sa pensée et s'inquiétant fort peu de la forme. Il avait même du mépris pour le style et prétendait qu'un auteur avait atteint la perfection lorsqu'on se souvenait de ses idées sans pouvoir se rappeler ses phrases. Plein de haine pour la recherche et la prétention, il était impitoyable pour les écrivains qui s'appliquent à rapprocher des mots surpris de se trouver ensemble, à polir leurs périodes, à donner aux pensées les plus triviales un tour bizarre qui fasse effet. Nos grands prosateurs des xviie et xviiie siècles étaient de sa part l'objet d'une admiration sincère et bien sentie. Il les relisait sans cesse, afin de se préserver, disait-il, de la contagion du style à la mode de son temps.

Pour lui la poésie était lettre close. Souvent il

lui arrivait d'estropier des vers français en les ci-
tant. Bien qu'il parlât l'italien purement et facilement, et qu'il sût assez bien l'anglais, il ne connaissait ni le mètre ni l'accentuation des vers anglais
et italiens. Cependant il était sensible à certaines
beautés de Shakspeare et du Dante, qui sont intimement unies à la forme du vers. Il a dit son dernier mot sur la poésie dans son livre *de l'Amour* :
« Les vers furent inventés pour aider la mémoire ;
les conserver dans l'art dramatique, reste de barbarie. » Racine lui déplaisait souverainement. Le
grand reproche que nous adressions à Racine, vers
1820, c'est qu'il manque absolument aux *mœurs*
ou à ce que, dans notre jargon romantique, nous
appelions alors la *couleur locale*. Shakspeare, que
nous opposions toujours à Racine, a fait, en ce
genre, des fautes cent fois plus grossières, que nous
nous gardions bien de citer. « Mais, disait Beyle,
Shakspeare a mieux connu le cœur humain. Il n'y
a pas une passion, pas un sentiment qu'il n'ait
peint avec une admirable vérité, avec ses nuances. La vie et l'individualité inimitable de tous ses
personnages le mettent au-dessus de tous les auteurs dramatiques. — Et Molière, lui répondait-on,
quelle place lui donnerez-vous ? — Molière est un

coquin, qui n'a pas voulu mettre sur la scène le *Courtisan*, parce que Louis XIV ne le trouvait pas bon. »

Beyle a beaucoup écrit sur les beaux-arts, et a eu des idées à lui dans un temps où tout le monde acceptait sans examen les opinions les plus fausses, pourvu qu'elles fussent autorisées par un auteur célèbre. On pourrait dire qu'il a découvert Rossini et la musique italienne. Ses contemporains se rappelleront les assauts qu'il eut à soutenir pour défendre l'auteur du *Barbier* et de *Sémiramis* contre les habitués de l'Opéra-Comique d'alors. Dans les premières années de la Restauration, le souvenir de nos revers avait exaspéré l'orgueil national, et l'on faisait, de toute discussion, une question patriotique. Préférer une musique étrangère à la musique française, c'était presque trahir le pays. De très-bonne heure, Beyle s'était mis au-dessus des préjugés vulgaires, et sur ce point il lui arriva peut-être quelquefois de dépasser le but. Aujourd'hui que la civilisation a fait tant de progrès, on a peine à se représenter le courage qu'il fallait avoir, en 1818, pour dire que tel opéra italien valait mieux que tel opéra français. Il faut se reporter aux grandes querelles du romantisme et du classicisme pour s'expliquer les précautions oratoires dont Beyle accompagne quelques-uns de ses jugements en matière d'art. Hardis et téméraires même lorsqu'il les publia, ils semblent, à présent, des vérités de M. de la Palisse, des *truisms*, selon l'expression favorite de leur auteur. Sans être musicien, Beyle avait un sentiment très-vif de la mélodie, cultivé et perfectionné par une certaine érudition qu'il devait à ses voyages en Italie et en Allemagne. Il me semble qu'il aimait et recherchait surtout, dans la musique, les effets dramatiques, ou plutôt qu'en analysant ses impressions personnelles, il les expliquait par la langue dramatique, la seule qu'il connût ou qu'il crût intelligible à ses lecteurs.

Il en était de même pour les arts du dessin. Admirateur passionné des grands maîtres des écoles romaine, florentine et lombarde, il leur a prêté souvent des intentions dramatiques qui, à mon avis, leur furent étrangères. Lorsqu'il découvre, dans une Vierge de Raphaël ou du Corrége, son maître de prédilection, une foule de passions ou de nuances de passions que la peinture ne saurait exprimer, on se demande s'il a compris les intentions et le but de ces grands maîtres. Mais il raconte à sa manière les émotions qu'il a ressenties devant leurs ouvrages ; il décrit l'effet, dans l'impuissance d'en expliquer la cause. Probablement, s'il avait essayé d'écrire à différentes reprises ses impressions devant un même tableau, il aurait été surpris lui-même de leur variété. Comme tous les critiques, Beyle luttait contre une difficulté probablement insoluble. Notre langue, ni aucune autre que je sache, ne peut décrire avec exactitude les qualités d'une œuvre d'art. Elle est assez riche pour distinguer les couleurs ; mais, entre deux nuances qui ont un nom, combien y en a-t-il, appréciables aux yeux, qu'il est absolument impossible de déterminer par des mots ! La pauvreté des langues devient encore bien plus sensible lorsqu'il s'agit de formes, non plus de couleurs. Un œil médiocrement exercé reconnaît facilement un contour vicieux. Quiconque examine la statuette de la *Vénus* de Milo réduite par le procédé Collas, reconnaît aussitôt que le nez n'est point antique. Pourtant la différence entre ce nez rapporté et le nez du statuaire grec ne peut consister qu'en une fraction de millimètre : or quels mots pourront caractériser cette forme, dont la beauté dépend d'une fraction de millimètre en plus ou en moins ? Ce qui se sent avec tant de facilité, on ne peut l'exprimer *avec du noir sur du blanc*, comme disait Beyle. De cette impossibilité d'être exact est venu le besoin de chercher des termes de comparaison, qui ne sont guère propres à porter quelque clarté dans une question si obscure. Le côté dramatique dans les arts est ce que nous comprenons le mieux, nous autres Français, et c'est probablement pour ce motif que Beyle explique la beauté par la passion. Malgré sa prétention à être cosmopolite, il était parfaitement Français d'esprit comme de cœur.

Il m'a paru beaucoup moins sensible à la sculpture qu'à la peinture. Les statues antiques lui semblaient trop dépourvues de passion, et il leur reprochait de donner l'idée de belles personnes sans esprit. Son sculpteur favori était Canova, dont il admirait la grâce, tout en avouant qu'il était un peu maniéré. Je crois qu'il vantait Michel-Ange plus qu'il ne l'aimait au fond. Lorsqu'il me mena voir le *Moïse* du tombeau de Jules II, il ne trouva d'autre éloge à m'en faire, sinon qu'on ne pouvait mieux rendre l'expression d'inflexible férocité.

Beyle faisait peu de cas des coloristes. Nous avions de grandes discussions à ce sujet. Il méprisait profondément Rubens et son école, il reprochait aux

Flamands et même aux Vénitiens la trivialité des formes et la bassesse de l'expression. Le Corrége, selon Beyle, avait réuni, au suprême degré, le mérite de la forme et l'art de la perspective aérienne. Pour lui, c'était le peintre le plus gracieux, et Michel-Ange le plus poétiquement terrible.

Il s'était fort peu occupé de l'architecture et n'avait considéré les monuments que sous leur aspect pittoresque, sans s'embarrasser s'ils convenaient à leur destination. Il avait horreur de tout ce qui était laid et triste, et il trouvait ces deux défauts dans notre architecture nationale. Je crois lui avoir appris à distinguer une église romaine d'une église gothique, et, qui plus est, à regarder l'une et l'autre ; mais il les enveloppait toutes deux dans le même anathème. — Nos églises sombres et lugubres avaient été inventées, disait-il, par des moines fripons qui voulaient s'enrichir en faisant peur aux gens timides. L'architecture italienne de la Renaissance lui plaisait par son élégance et sa coquetterie. Au reste, il ne s'attachait qu'à ses détails gracieux et nullement à ses dispositions générales. En dépit de la *lo-gique*, ce n'était pas sa raison qui jugeait, mais son imagination.

Beyle avait été officier quelques mois, et, comme

auditeur, il avait fait plusieurs campagnes, entre autres celle de Russie, en 1812, avec le quartier général de l'empereur. Nous aimions à l'entendre parler des campagnes qu'il avait faites avec lui. Ses récits ne ressemblaient en rien aux relations officielles. On en jugera. Naturellement brave, il avait observé la guerre avec curiosité et froidement. Sans être insensible aux grandes et poétiques scènes qu'il avait vues, c'était surtout par ses côtés bizarres et grotesques qu'il se plaisait à la montrer. D'ailleurs, il avait en horreur les exagérations de vanité nationale, et, par esprit de contradiction, il se jetait souvent dans l'excès contraire. De même que Courier, il se moquait impitoyablement de ce qu'on a depuis appelé le *chauvinisme*, sentiment qui, après tout, a son bon côté, car il fait qu'un conscrit se bat comme un vieux soldat.

Il niait de parti pris toutes les harangues, tous les mots sublimes dits sur les champs de bataille. « Savez-vous ce que c'est que l'éloquence militaire? nous disait-il. En voici un exemple : dans une affaire fort chaude, un de nos plus braves généraux de cavalerie [1] haranguait en ces termes ses soldats

1. Murat.

près de se débander : « En avant, s... ! J'ai le c..
» rond comme une pomme ! J'ai le c.. rond comme
» une pomme ! » Ce qu'il y a de drôle, c'est que,
dans le moment du danger, cela paraissait une
harangue comme une autre, qu'on fit volte-face et
qu'on repoussa l'ennemi. Croyez que César et
Alexandre, en pareille occasion, parlaient à leurs
soldats d'une façon non moins sublime. »

Autre exemple d'éloquence martiale : « Partis de
Moscou, nous nous perdîmes le troisième jour de
la retraite, et nous nous trouvâmes, à la nuit tom-
bante, au nombre d'environ quinze cents hommes,
séparés du gros de l'armée par une forte division
russe. On passa une partie de la nuit à se lamenter.
Puis les gens énergiques haranguèrent les poltrons
et firent si bien qu'on résolut de s'ouvrir un chemin
l'épée à la main dès que le jour permettrait de distinguer l'ennemi. Ne croyez pas qu'on dît alors :
« Braves soldats, » etc. Non. « Tas de canailles,
» vous serez tous morts demain, car vous êtes trop
» j... pour prendre un fusil et vous en servir. » Cette
allocution héroïque ayant produit son effet, à la
petite pointe du jour, nous marchâmes résolûment
aux Russes, dont nous voyions encore briller les
feux de bivac. Nous arrivons la baïonnette baissée

sans être découverts, et nous trouvons un chien
tout seul. Les Russes étaient partis dans la
nuit. »

Pendant la retraite, il disait qu'il n'avait pas
trop souffert de la faim; mais il lui était absolument impossible de se rappeler comment il avait
mangé ni ce qu'il avait mangé, si ce n'est un morceau de suif, qu'il avait payé vingt francs, et dont
il se souvenait encore avec délices.

En sortant de Moscou il avait emporté le volume
des *Facéties* de Voltaire, relié en maroquin rouge,
qu'il avait pris dans un palais en feu. Ses camarades le blâmèrent lorsqu'il en lisait le soir quelques
pages à la lueur d'un feu de bivac. On trouvait
l'action légère. Dépareiller une magnifique édition!
Lui-même en éprouvait une espèce de remords, et,
au bout de quelques jours, il laissa le volume sur
la neige.

Il fut du petit nombre de ceux qui, au milieu de
toutes les misères que notre armée eut à souffrir
dans la désastreuse retraite de Moscou, conservèrent
toujours leur énergie morale, le respect des autres
et d'eux-mêmes. Un jour, aux environs de la Bérésina, Beyle se présenta devant son chef, M. Daru,
rasé et habillé avec quelque recherche. M. Daru

lui dit : « Vous avez fait votre barbe, monsieur ? Vous êtes un homme de cœur. »

M. Bergonié, auditeur au conseil d'État et attaché au quartier général, m'a raconté qu'il devait la vie à Beyle, qui, prévoyant l'encombrement des ponts au passage de la Bérésina, l'obligea de passer sur l'autre rive le soir qui précéda la déroute. Il fallut presque employer la force pour décider M. Bergonié à faire quelques centaines de pas. Il faisait le plus grand éloge du sang-froid de Beyle et du bon sens qui ne l'abandonna jamais au moment où les plus résolus perdaient la tête. Beyle était homme de ressources dans les circonstances graves ; il disait modestement qu'il devait cet avantage à sa provision de maximes toutes faites, au moyen desquelles il se trouvait prêt pour agir lorsque les autres perdaient leur temps à délibérer.

De même que beaucoup de gens de son âge, Beyle me paraissait juger ses contemporains avec beaucoup de sévérité, et notre génération avec un peu d'indulgence. Il admirait le goût pour l'étude et la curiosité de connaître le fond des choses qui distinguaient les jeunes gens de vingt ans, lorsqu'il en avait quarante. Il se moquait un peu de notre gravité et de notre pédanterie, mais disait que nous n'étions pas des dupes, comme on l'était de son temps. Selon son habitude de se montrer pire qu'il n'était, il affectait de mépriser l'enthousiasme qui a fait faire de si grandes choses aux hommes de son époque. « Nous avions le *feu sacré*, disait-il ; et moi aussi, quoique indigne. On m'avait envoyé à Brunswick pour lever une contribution extraordinaire de cinq millions. J'en ai fait payer sept, et j'ai manqué d'être assommé par la canaille qui s'insurgea, exaspérée par l'excès de mon zèle. Mais l'empereur demanda quel était l'auditeur qui avait fait cela, et dit : « C'est bien. »

Il était difficile de savoir quels étaient ses sentiments à l'égard de Napoléon. Presque toujours il était de l'opinion contraire à celle qu'on mettait en avant. Tour à tour frondeur ou enthousiaste, quelquefois il en parlait comme d'un parvenu ébloui par les oripeaux, manquant sans cesse aux règles de la LO-GIQUE ; d'autres fois c'était une admiration presque idolâtre. Tour à tour il était frondeur comme Courier et servile comme Las Cases. Les hommes de l'Empire étaient traités aussi diversement que leur maître, mais il convenait de la fascination exercée par l'empereur sur tout ce qui l'approchait. Il avait commencé une histoire de Napoléon qui s'est retrouvée dans ses papiers. On en peut voir un fragment écrit avec verve dans ses voyages en France : c'est l'arrivée de l'empereur à Grenoble en 1815. Si j'en juge par les récits de Beyle, il me semble que vers l'époque de sa jeunesse il y avait moins d'égoïsme qu'aujourd'hui, et que les affectations à la mode étaient d'un genre plus noble. Ainsi Beyle, bien qu'aimant la bonne chère, se gardait bien d'en convenir. Il trouvait même du temps perdu celui qu'on passe à manger, et souhaitait qu'en avalant une pilule le matin on fût quitte de la faim pour toute la journée. Aujourd'hui on est gourmand, et l'on s'en vante. Du temps de Beyle, un homme prétendait, avant tout, à l'énergie et au courage. Comment faire campagne si on est gastronome ?

Beyle aimait les réunions intimes et peu nombreuses. Dans un petit cercle, entouré d'amis ou de gens contre lesquels il n'avait pas de préventions, il s'abandonnait avec bonheur à toute la gaieté de son caractère. Il ne cherchait nullement à briller, seulement à s'amuser et à amuser les autres ; « car, « disait-il, il faut payer son entrée. » Toujours en verve, il était parfois un peu fou, voire même inconvenant ; mais il faisait rire, et il était impossible à la pruderie de garder son sérieux. La présence d'un ennuyeux ou d'un esprit malveillant le glaçait et le mettait promptement en fuite. Jamais il n'eut l'art de savoir s'ennuyer. Il disait que la vie est courte et que le temps perdu à bâiller ne se retrouve plus. Il admirait beaucoup ce mot de M. de M... « que le mauvais goût mène au crime. »

La bonne foi était un des traits du caractère de Beyle. Personne n'était plus loyal ni d'un commerce plus sûr. Je n'ai jamais connu d'homme de lettres plus franc dans ses critiques ni qui reçût plus galamment celles de ses amis. Il aimait à communiquer ses manuscrits et demandait qu'on les annotât sévèrement. Quelque dures, quelque injustes même que fussent les observations, jamais il ne s'en fâchait. Une de ses maximes était que quiconque fait le métier de mettre du noir sur du blanc ne doit ni s'étonner ni s'offenser lorsqu'on lui dit qu'il est une bête. Cette maxime, il la pratiquait à la lettre, et, de sa part, ce n'était pas indifférence réelle ni affectée. Les critiques le préoccupaient beaucoup; il les discutait vivement, mais sans aigreur, et comme s'il se fût agi des ouvrages d'un auteur mort depuis plusieurs siècles.

Il avait pris l'habitude bizarre de s'entourer de mystère dans les actions les plus indifférentes, afin

de dérouter la police, qu'il croyait probablement
assez simple pour s'occuper des bavardages de salons. Jamais il n'écrivait une lettre sans la signer
d'un nom supposé César Dombet, Cotonet, etc. ; il
la datait d'*Abeille* au lieu de Civita-Vecchia[1] et souvent les commençait par une telle phrase : « J'ai
» reçu vos soies grèges, et les ai emmagasinées en
» attendant leur embarquement. » Les notes qu'il
prenait sans cesse étaient des espèces d'énigmes dont
il était souvent lui-même hors d'état de deviner le
sens quand elles remontaient à quelques jours.

Il ne craignait pas la mort, mais il n'aimait pas
à en parler, la tenant pour une chose sale et vilaine
plutôt que terrible. Il a eu celle qu'il désirait,
celle que César avait souhaitée : *Repentinam inopi-
natamque.*

1850-55.

1. Il était consul de France à Civita-Vecchia.

VII

THÉODORE LECLERCQ

M. Théodore Leclercq, l'auteur des *Proverbes dramatiques,* est mort le 15 février 1851, à la suite d'une douloureuse maladie, dont il avait ressenti les premières atteintes il y avait près de trois ans. Personne n'avait mieux conservé ces traditions de politesse et d'urbanité qui distinguaient la société française du xviiie siècle, mais les manières de M. Théodore Leclercq n'étaient pas de celles qui s'apprennent et qui sont à l'usage de tout le monde. Elles étaient l'expression d'un esprit vif et délicat, d'un cœur bienveillant et expansif. Ajoutez à cela un enjouement plein de grâce, une certaine coquetterie naturelle, et surtout le désir de plaire, disposition qui n'a rien de commun avec le désir de briller. M. Leclercq voulait se faire aimer, et il y réussissait. Un bon mot s'arrêtait sur ses lèvres s'il pouvait blesser quelque susceptibilité, et il semblait ne vouloir se servir de son esprit que pour mettre en relief celui des autres.

Sa conversation était charmante. Personne n'a su raconter plus agréablement. On pouvait deviner l'auteur et l'acteur des *Proverbes* aux changements rapides de sa physionomie et aux expressions variées de sa voix ; mais tout cela était si naturel, si improvisé, qu'un sot même n'eût osé l'accuser de préparation. Sa gaieté était communicative, et nous n'y pouvions résister nous-mêmes, nous autres grands enfants du xix° siècle, qui nous étudiions à être graves et tristes. Dans les dernières années de sa vie, M. Leclercq fut éprouvé par des pertes cruelles. La mort d'une sœur et celle de M. Fiévée, son ami d'enfance, dont il ne s'était jamais séparé, lui portèrent un coup terrible. On le retrouva toujours bienveillant, aimable, spirituel ; mais sa gaieté devant ses hôtes était un effort, et l'on sentait que l'effort était douloureux.

Il était né à Paris, en 1777, d'une famille honorable et dans l'aisance. Ses parents voulaient qu'il

fît quelque chose, qu'il eût un état, et lui ne se
trouvait pas de vocation décidée. On eut quelque
peine à lui faire accepter une place de finance qui
n'exigeait que peu de soins, peu de travail, et qui
rapportait des émoluments considérables, fort au-
dessus de son ambition de jeune homme. Au bout
de quelques mois, la charge parut trop lourde à
son humeur indépendante. Une caisse à garder, des
subalternes à surveiller, des réprimandes à faire,
des solliciteurs à éconduire, que de tracas ! il en
perdait la tête. *Sa responsabilité,* c'était comme un
spectre attaché à ses pas. Il se dit, après dix-huit
mois de gestion, qu'il n'avait què faire de tant
d'argent, que sa liberté valait cent fois mieux, et, sa
démission donnée, il se retrouva aussi heureux que
le *savetier* de son proverbe, lorsqu'il s'est débar-
rassé du sac d'écus.

C'est à Mme de Genlis qu'il dut la révélation de
son talent dramatique. Un jour elle daigna le choisir
pour lui donner la réplique dans un proverbe qu'elle
jouait en bonne et nombreuse compagnie. Le rôle
de Mme de Genlis était celui d'une femme de lettres
ridicule (je pense qu'elle le jouait assez bien) ;
M. Leclercq représentait un jeune poëte à sa première élégie. Dans un aparté de cinq minutes, le

canevas fut arrangé entre les deux interlocuteurs, et, quant au dialogue, on devait l'improviser. L'auditoire trouva que Mme de Genlis n'avait jamais eu tant d'esprit ; elle en sut gré à son jeune acteur et l'engagea à composer des comédies. Il fallait les encouragements de cette femme illustre pour vaincre la timidité naturelle de M. Leclercq. Quant aux conseils qu'elle lui donna dans l'art d'écrire, on en peut juger par l'anecdote suivante, que je tiens de M. Leclercq lui-même. Un jour, il lui racontait une scène plaisante à laquelle il venait d'assister. « C'est bien, dit-elle, mais il faut changer la fin. — Comment ! s'écria-t-il, mais j'ai vu cela de mes yeux ; c'est la vérité. — Eh ! qu'importe la vérité ? Il faut être amusant avant tout. » On voit, en lisant les *Proverbes dramatiques,* qu'il ne suivit pas à la lettre les leçons de Mme de Genlis. Il sut être amusant, mais il resta toujours vrai.

Ses premiers proverbes furent composés et joués à Hambourg, dans une petite société française que les événements politiques y avaient réunie au commencement de l'Empire. Des militaires, des diplomates furent ses premiers acteurs, et lui, comme Shakspeare et Molière, auteur, directeur, acteur, l'âme de la troupe en un mot. En 1814 et 1815.

il créa encore un théâtre de société à Nevers, recruta
ses comédiens dans toutes les maisons, leur apprit
leur métier en moins de rien, et obligea des pro-
vinciaux à s'amuser et à être amusants. Quelques
années plus tard, nous le retrouvons établi à Paris
pour n'en plus sortir, et cette fois à la tête d'une
troupe qui, dit-on, n'avait point d'égale. On se
réunissait dans le salon de M. Roger, secrétaire
général des postes. M. et Mme Mennechet, M. Augier,
de l'Académie française, Mme Augier, étaient ses
premiers sujets. L'auditoire, peu nombreux, était
digne de comprendre de tels acteurs. Les représentations se succédaient, et le spectacle était toujours varié. Cependant l'idée de publier ses proverbes était encore loin de la pensée de M. Leclercq,
qui s'imaginait que des dialogues si vifs et si spiri-
tuels ne pouvaient se passer du jeu de ses acteurs.
Il fallut, pour le décider à se faire imprimer, que
le public fût déjà plus qu'à moitié dans sa confidence. Bien des indiscrétions avaient été commises.
Des acteurs montraient leurs rôles, on citait maints
traits charmants dans les salons, des auteurs comiques empruntaient sans façon sujet et dialogue,
et croyaient avoir tout inventé lorsqu'ils avaient
changé le titre de proverbe en celui de vaudeville

ou de comédie. M. Leclercq avait si peu le caractère de l'homme de lettres, qu'il sut peut-être bon gré à ces messieurs de leurs emprunts. C'était un éloge indirect auquel il était sensible, et qui lui donna le courage de se produire, non pourtant devant tout le public, car les deux premiers volumes des *Proverbes dramatiques* furent d'abord imprimés à ses frais et distribués à ses amis seulement. Les journaux en parlèrent, les éditeurs vinrent frapper à sa porte, et bon gré mal gré, son livre fut mis en vente. Je me souviens de lui avoir entendu raconter fort gaiement l'espèce de honte qu'il éprouva lorsque son premier éditeur vint lui apporter le prix de ses œuvres. Il ne savait s'il devait le prendre et craignait de ruiner son libraire. Sur ce point il fut bientôt rassuré. Plusieurs éditions se succédèrent rapidement, et peu d'ouvrages ont eu autant de débit, dans un temps où la réclame n'était pas encore inventée.

Tout le monde a lu les proverbes de M. Théodore Leclercq, ils sont dans toutes les bibliothèques, et se jouent encore, l'automne, dans maint château où se conserve le goût des plaisirs intellectuels. Chacune de ces petites comédies renferme, dans un cadre très-rétréci en apparence, une foule d'observations

ingénieuses, des traits d'un naturel exquis, et une
variété étonnante de caractères esquissés avec tant
d'art, que dans quelques scènes on connaît chaque
personnage comme si on l'avait pratiqué pendant
des années. Moraliste indulgent et critique enjoué,
M. Leclercq nous a représenté, dans une suite de
tableaux de genre, les vices, les travers, les ridicules de tous les temps, mais avec les traits dis-
tinctifs de notre époque. Qui n'a connu *M. Partout*,
M. Parlavide, et tant d'autres types excellents qu'on
ne pourrait citer sans copier les noms de tous les
personnages des huit volumes des *Proverbes dramatiques ?* — Un certain nombre de pièces sont des
satires politiques écrites avec une verve hardie et
qui peignent la situation des esprits dans les dernières années de la Restauration, car M. Leclercq,
bien qu'il eût peu de goût pour la politique, ne
pouvait demeurer indifférent aux grands débats qui
agitaient la société de son temps. Je crains qu'il ne
faille joindre un commentaire aux nouvelles éditions de cette partie de ses œuvres. Tout change et
tout s'oublie si vite dans notre pays, que les grandes
passions du public sous le ministère de .l. de Villèle
ou de M. de Polignac ne seront bientôt guère mieux
connues que celles de la Ligue ou de la Fronde.

Remarquons en passant que la critique de M. Leclercq, pour vive qu'elle soit, ne va jamais jusqu'à l'injure, encore moins à la calomnie. Ses traits sont aigus, mais non pas empoisonnés. Il sait railler, mais il ne sait pas haïr. On commence à savoir ce que c'est que la haine en France. La politique nous a fait ce présent, et elle a tué chez nous la gaieté.

La gaieté est, à mon avis, le caractère distinctif du talent de M. Leclercq ; elle éclate dans tous ses tableaux, même dans ceux où il avait à reproduire les plus tristes défauts de notre temps. Courier a dit de notre grande nation, que nous ne sommes pas un peuple d'esclaves, mais un peuple de valets. Dans l'*Esprit de servitude*, M. Leclercq a repris avec moins d'amertume ce vice du Français, tantôt courtisan de Louis XIV, tantôt flatteur du peuple souverain. Ce vieux valet de chambre, devenu un bon bourgeois dans l'aisance, et qui regrette son esclavage chez M. le marquis, donne une leçon tout aussi utile et infiniment plus amusante que ne pourrait faire un ministre disgracié ou un tribun oublié de la multitude.

Ce n'est pas seulement dans la peinture des défauts et des ridicules que M. Leclercq a montré son talent d'observation ; *l'Honnête homme*, comme

on disait au xviii° siècle, est représenté dans quelques-unes de ses pièces avec des traits qui ne seraient
pas désavoués par nos maîtres. Je ne connais pas
de peinture plus ravissante du bonheur de la vie
de famille que celle que nous a laissée M. Leclercq
dans son *Château de Cartes*. C'est à mon avis un petit
chef-d'œuvre de sensibilité et de grâce, dont je conseille la lecture à tous ceux qui se trouveront in-
commodés d'un article de la *Gazette des Tribunaux*
ou d'un premier-Paris dans un journal politique.

M. Leclercq a cessé d'écrire longtemps avant que
son talent eût rien perdu de sa puissance et de sa
souplesse, mais il aimait toujours à causer de
littérature, et suivait avec curiosité et intérêt les
essais de ses contemporains. On était sûr de trouver
auprès de lui un critique aussi éclairé que bienveillant, sachant, chose rare, se placer à tous les
points de vue pour mieux juger l'œuvre qui lui
était soumise. Autant d'autres sont empressés à
trouver les défauts, autant il se montrait ingénieux
à découvrir les qualités, à suggérer des corrections,
ou même des idées nouvelles. Tous ses lecteurs
sauront combien il fut homme d'esprit ; ses amis
seuls savent combien il fut aimable et bon.

Février 1851.

VIII

ALEXIS DE VALON

Les journaux ont appris à la plupart des lecteurs
la mort déplorable de M. Alexis de Valon, un des
collaborateurs les plus actifs de la *Revue des Deux-
Mondes*. Le 20 de ce mois, il s'amusait à conduire
un canot à voile sur un petit lac, à quelque distance du château de Saint-Priest, qu'il habitait pendant l'été. Avec lui se trouvaient un de ses amis et
deux dames de sa famille. Ce lieu est désert et l'habi-
tation la plus rapprochée est à un quart de lieue. Le
vent soufflait avec violence, et les dames voyaient
avec inquiétude le bateau s'incliner. Pour les rassurer, M. de Valon leur racontait que, quelques mois
auparavant, par un vent aussi fort, il avait essayé

avec son frère de faire chavirer la même barque,
mais que tous ses efforts avaient été inutiles. En
parlant ainsi on virait de bord, et le canot chavira.
Les quatre personnes qui le montaient trois parvinrent à gagner le rivage; mais M. de Valon avait
disparu. Il était excellent nageur, et, dans le premier moment de confusion, c'était à lui moins qu'à
tout autre qu'on aurait pensé à porter secours.
Quelques minutes de mortelle anxiété se passèrent
avant qu'on pût le découvrir. On le trouva enfin,
mais déjà sans vie.

M. de Valon n'avait que vingt-huit ans. Riche,
marié depuis peu, doué d'un caractère heureux et
charmant, personne n'avait plus de motifs pour
aimer la vie, surtout dans le moment où il l'a perdue. Il était entouré de presque tous les membres de
sa famille, attachés à lui par la plus intime affection. Cette réunion, si difficile dans une famille
nombreuse, ne datait que de quelques jours;
c'était pour ses funérailles qu'on s'était ainsi ras-
semblé.

Les lecteurs de la *Revue des Deux-Mondes* n'ont
pas oublié les premiers essais de M. de Valon, publiés dans ce recueil à la suite d'un voyage en
Espagne et en Orient. Plusieurs nouvelles intéres-

santes, un travail très-remarquable sur le système
des quarantaines, une étude historique sur le marquis de Favras, enfin, tout dernièrement, un excellent article sur l'exposition de Londres, ont assuré
à leur auteur une place très-distinguée parmi les
écrivains de notre époque. Ses œuvres forment
aujourd'hui plusieurs volumes, que la contrefaçon
belge n'a pas manqué de reproduire. A la plus merveilleuse facilité, M. Alexis de Valon joignait le
goût qui sait épurer un premier jet de verve. Son
talent d'écrire se perfectionna, mais il conserva
toujours le naturel et la liberté de l'homme du
monde, tout en recherchant la correction avec la patience et le scrupule d'un littérateur d'autrefois.
Sous une forme légère, sous un ton cavalier et presque frivole, il laissait voir un talent d'observation
applicable aux sujets les plus sérieux. Le monde lui
a quelquefois reproché je ne sais quelle tendance
au scepticisme en toutes choses, car nous vivons dans
un temps où l'indépendance d'esprit est presque
un travers. Il est vrai que M. Valon, plein de respect
pour toutes les opinions honnêtes, tenait aux siennes, et à bon droit, car il n'en adoptait aucune à la
légère et sans l'avoir bien examinée. Il n'avait pas
plus de goût pour le paradoxe que pour la trivia-

lité, et lorsqu'il croyait avoir de bonnes raisons pour le faire, il avait le courage de louer un homme ou un livre, fussent-ils condamnés par *les honnêtes gens*. Cette impartialité dans la critique, ce goût de l'examen, et cette recherche du bien partout où il se trouve, sont rares aujourd'hui et méritent qu'on les remarque. Avec une modestie poussée peut-être jusqu'à la défiance de lui-même, M. Alexis de Valon est l'homme le plus indépendant que j'aie connu dans ses opinions des coteries politiques ou littéraires.

Recherché comme il l'était, et obligé de consacrer beaucoup de temps à ce qu'on appelle les devoirs du monde, on s'étonnait qu'il pût trouver le loisir de travailler; mais il y avait dans cette nature calme et contenue une habitude d'observation constante. En lisant un livre, il formait son style; en causant au milieu d'une soirée, il étudiait les hommes. Bien qu'il aimât avec passion tous les exercices de son âge, — et sa mort en est la triste preuve, — il donnait la préférence aux amusements de l'esprit, un peu abandonnés par notre société moderne. Il aimait les arts et en parlait bien. Il a fait de jolis vers, connus seulement d'un bien petit cercle d'amis, et il les improvisait avec

une grâce parfaite. Il ne manquait peut-être à
M. de Valon qu'un peu d'ambition pour développer
toutes les ressources de son esprit; mais quelle
ambition pouvait avoir un homme si heureux dans
son intérieur, si aimé et si digne de l'être? Le
désir et la conscience d'être utile à son pays pouvaient seuls l'obliger à renoncer à son repos et à
son indépendance. Cédant aux pressantes sollicita-
tions de ses amis, M. de Valon avait promis de se présenter comme candidat aux prochaines élections de
la Corrèze, où la mémoire des services rendus par
son père et l'affection générale dont il était lui-
même entouré lui assuraient de nombreux suffrages.
La mort a rompu brusquement cette existence de
tant d'avenir. Si quelque chose peut adoucir nos
regrets, c'est la pensée que cet excellent jeune
homme n'a connu de la vie que ses joies et ses
douceurs, et qu'il ne laisse après lui que des souvenirs chéris de tous ceux qui l'ont approché.

Août 1851

IX

ALEX. DU SOMMERARD

Le sentiment du beau dans les arts n'est donné qu'à un petit nombre d'esprits d'élite, et dans notre pays, qui a produit tant de grands artistes, il est trop souvent faussé par la tyrannie de la mode. On doit de la reconnaissance aux hommes qui résistent aux entraînements de la foule, et qui, par leur persévérance, parviennent à réformer ses jugements irréfléchis. A ce titre, Du Sommerard a bien mérité de ses contemporains, car personne plus que lui n'a contribué à rendre aux arts du moyen âge l'estime qui leur est due. Il naquit en 1779, à Bar-sur-Aube. Soldat volontaire à quatorze ans, il prit part à la lutte généreuse de la France contre

l'étranger. Rarement l'éducation des camps déve-
loppe le goût des arts : il fallait qu'il fût inné chez
Du Sommerard, pour qu'au milieu des fatigues et
des dangers de la guerre, la vue des chefs-d'œuvre
de l'Italie ait décidé de sa vocation. Au commencement du siècle, l'antiquité grecque et romaine avait
conservé ou retrouvé son prestige, mais le moyen âge
et même la Renaissance passaient pour des temps
de barbarie, et, sous le nom de *gothique,* on con-
fondait dans un dédain général les plus beaux ouvrages créés dans notre France pendant une période
de plus de soixante années. Du Sommerard ne partageait pas les préjugés de son époque. Un des
premiers, il distingua les caractères de cet art
méprisé ; il en comprit les beautés, il en pénétra,
pour ainsi dire, les secrets. Il fallait une grande
sagacité de critique, et un talent d'observation très-
subtil pour deviner les lois de cette archéologie
encore inexplorée. C'était le temps où l'on regardait l'octogone de Montmorillon comme un temple
de druides, et où l'on montrait au Musée de l'ar-
tillerie une cuirasse du xvie siècle pour l'armure
de Roland. Du Sommerard observa les rapports intimes qui existent entre les arts et l'industrie. Non-
seulement il s'initia à la vie intime et aux mœurs

de nos aïeux en étudiant leurs meubles, leurs ustensiles, leurs procédés de fabrication, mais encore il
reconnut qu'il a existé à toutes les époques des ou-
vriers modestes, dignes du nom d'artistes, et dont les
productions révèlent le goût et quelquefois le génie.
Découvrir leurs ouvrages, en faire ressortir les qualités, les proposer comme des modèles à nos fabri-
cants, devint pour Du Sommerard une constante
préoccupation. Rendu à la vie civile et attaché à la
Cour des Comptes, d'abord en qualité de référen-
daire, puis de conseiller, il employa tous ses loisirs
et la plus grande partie d'une fortune modeste à
réunir, classer et publier une collection d'objets
d'art du moyen âge et de la Renaissance. Chaque
jour son cabinet s'enrichissait de meubles, de vases,
d'ustensiles de toute espèce qu'il arrachait aux des-
tructeurs ; car, pendant longtemps, il fut presque
le seul qui s'occupât à Paris de recueillir ces curio-
sités si recherchées aujourd'hui. Peu à peu il eut des
imitateurs, et bientôt des envieux. Personne ne visi-
tait cette riche collection sans perdre quelques préjugés, sans gagner quelque instruction utile.
Toujours prêt à répondre aux questions des gens
de goût et même à celles des curieux indiscrets.
Du Sommerard faisait les honneurs de son cabinet

avec une politesse exquise, et, sans avoir l'air de professer, il donnait des leçons d'archéologie pratique qui intéressaient et qu'on n'oubliait point. On sait avec quelle déplorable insouciance les administrations municipales de Paris ont laissé détruire tant de monuments qui faisaient la gloire de notre capitale. L'hôtel de Cluny, seul reste des palais du moyen âge, autrefois si nombreux à Paris, dut sa conservation à Du Sommerard, qui vint y établir son domicile et y placer sa collection comme une espèce de sauvegarde. C'est là qu'il termina son grand ouvrage, les *Arts au moyen âge* (Paris, 1838-1846, 5 vol. in-8°, avec atlas), résumé de ses voyages, de ses longues études, de ses immenses lectures. On peut regretter que l'auteur n'ait pas adopté un plan plus didactique ; mais Du Sommerard, par un sentiment de modestie exagérée, n'a pas voulu enseigner ce qu'il savait mieux que personne. Il s'est borné à exposer ses impressions personnelles, à décrire les monuments qu'il a vus, à signaler à l'attention leurs singularités, leurs caractères, leurs défauts et leurs beautés. Bien loin de faire rentrer des faits choisis dans une théorie quelconque, il s'est appliqué surtout à rassembler des observations

exacles, et ce n'est qu'avec une certaine timidité qu'il y joint parfois des considérations très-
élevées sur l'art et l'archéologie. Il avait préludé
à ce grand travail par une notice sur la ville de
Provins (*Vues de Provins*, sans nom d'auteur,
1822, 1 vol. in-4°). Ce fut une des premières
applications de la lithographie à la description des
monuments. Des explications intéressantes accompagnent des planches qui représentent les nombreuses antiquités de Provins. Bien que destinées
surtout aux gens du monde, elles renferment d'u-
tiles renseignements historiques et archéologiques.
On lui doit également une description et une notice
historique sur l'hôtel de Cluny et les Thermes, qui
attirèrent l'attention publique sur ces deux monuments [1]. Entouré d'une famille nombreuse et
unie, recherché et aimé de tout le monde, Du Sommerard ne connut qu'une pensée pénible, c'est
qu'après lui sa collection pourrait être dispersée
et perdue pour le pays. Il avait refusé les offres
avantageuses d'un ambassadeur d'Angleterre, espérant que tôt ou tard le gouvernement français

---

1. *Notices sur l'hôtel de Cluny et sur le palais des Thermes*, avec des notes sur la culture des arts, principalement
dans les xve et xvie siècles, Paris, 1835, in-8°.

formerait un musée national de toutes les productions des arts et de l'industrie. Ce vœu ne devait
être exaucé qu'après sa mort. Les chambres, avec
un honorable empressement, votèrent des fonds
pour l'acquisition de son cabinet et de l'hôtel de
Cluny, et le ministre de l'intérieur voulut que le
directeur de ce nouveau musée fût un fils de Du
Sommerard, instruit par ses leçons et compagnon
de ses voyages et de ses travaux archéologiques. —
Tout en se consacrant à la réhabilitation du moyen
âge, Du Sommerard n'était point insensible aux
efforts de l'art contemporain. Il aimait les artistes,
et était heureux de les encourager et de les soutenir à leurs débuts. Habile à découvrir le talent
ignoré, il parvint souvent à le signaler à l'attention du public, si difficile à captiver. Un seul trait
peindra cet excellent homme. Il avait acheté à un
de nos meilleurs peintres, encore inconnu, un
tableau auquel personne n'avait fait attention.
Dans le cabinet de Du Sommerard, il fut remarqué.
Un financier voulut l'avoir, parce qu'il le voyait
chez un connaisseur, et offrit de le payer le double
de ce qu'il avait coûté. Du Sommerard accepte le
marché avec empressement, reçoit l'argent et court
aussitôt le porter à l'artiste : « Gardez tout, lui dit il :

» quand vous aurez le temps, vous me ferez une
» copie. » La vie de Du Sommerard est pleine de
semblables traits. Il mourut à Paris le 19 août 1842,
à la suite d'une douloureuse maladie. Il consacrait
ses journées aux devoirs de son emploi et ses nuits
à ses études chéries. Sa forte constitution succomba
à l'excès du travail, et il fut enlevé à soixante-
trois ans, au moment même où il venait d'achever
son grand ouvrage.

1855.

X

FROISSART [1]

Messieurs,

L'Académie française s'associe avec empressement à l'hommage que vous rendez aujourd'hui à la mémoire d'un grand historien né dans vos murs. Déjà elle avait témoigné de son admiration pour Froissart, en proposant cette année l'étude de ses ouvrages pour sujet d'un concours spécial. Sans doute les chroniques de Froissart, plus impérissables que le marbre qui le représente, suffisaient

1. Discours prononcé au nom de l'Académie française à l'inauguration de la statue de Froissart, à Valenciennes, le 21 septembre 1856.

pour perpétuer le souvenir de son nom ; mais une
ville s'honore en exposant à la vénération publique les images de ses citoyens illustres. L'éclat de
la récompense leur suscitera des émules. Les
génies méconnus (s'il en existe encore) se conso-
leront par cette justice qu'obtient, après plus de
quatre siècles, un poëte ingénieux, un chroniqueur
incomparable.

Froissart fut poëte. Les érudits le savent et ses
contemporains ont peut-être fait plus de cas de
ses vers que de ses écrits historiques. Lui-même
avait pour ses poésies une prédilection bien naturelle, car elles semblent lui rappeler les plus doux
souvenirs de sa jeunesse. Lorsque, déjà vieux, il
vint à la cour d'Angleterre, ce fut le volume de
ses poésies qu'il offrit au roi Richard II. « *Plaire
bien lui debvait,* » nous dit-il avec une modestie
charmante, « *car il était enluminé, escript, historié
et couvert de velours à clous d'argent.* » — « De quoi
traite ce livre ? » lui demanda le prince. — « D'a-
mours, » répondit Froissart. Les *amours* — (et par ce
mot, qui commence à s'effacer de notre langue
moderne, il faut entendre le semblant aimable d'une
passion forte, un désir de plaire, bien plus que le
besoin de toucher), — les *amours* changent de

langage tous les siècles, et plus souvent encore.
Est-il surprenant que nous, qui comprenons à
peine les *Précieuses* du xviie siècle, nous soyons
peu sensibles aux traits galants du xiv[o]? une
étude approfondie des poésies de Froissart y dé-
couvrirait sans doute des vers pleins de grâce, de
pensées fines, et aussi, je le crois, un art déjà
raffiné du rhythme et de l'harmonie. Mais pourquoi ajouter un nouveau fleuron à une couronne
si brillante? Pétrarque n'a pas besoin de ses œuvres
latines pour être immortel, et les *Chroniques* seules
assureront à leur auteur une place parmi les
poëtes.

Quel autre qu'un poëte, en effet, aurait pu tra-
cer un tableau si animé des mœurs et des passions
du moyen âge? Ne fut-il pas inspiré des Muses
celui qui sut ennoblir la vérité sans l'altérer jamais, et donner un air de grandeur à tous les sujets qu'il a touchés? Observateur exact, sans pré-
tendre à la profondeur, et trop modeste pour s'éri-
ger en juge des actions humaines, Froissart en est
le témoin attentif et scrupuleux, ignorant d'ailleurs par le hasard de sa naissance les préoccu-
pations d'un patriotisme exclusif qui égare souvent
les meilleurs esprits. Plein de respect pour les

grands de la terre, il n'a garde de rechercher les mobiles secrets de leur conduite ; mais tout ce qu'il a vu, tout ce qu'il a su, il l'enregistre avec une imperturbable simplicité, terrible aussi pour les méchants.

Froissart nous apprend lui-même comment il composa son histoire. Il interrogeait sans cesse les hommes éminents, guerriers ou politiques, et se faisait raconter par eux les événements où ils avaient eu part. Il entreprit de longs et pénibles voyages pour se livrer à ces recherches, qu'il appelle des *enquestes*, sachant que son devoir d'historien ressemble à celui du magistrat chargé de rendre la justice. A cet amour si noble de la vérité, il joint un art d'autant plus admirable qu'il s'ignore lui-même, celui de saisir, avec un tact sûr, au milieu des récits qu'il écoute de toutes parts, ces détails frappants de naturel, qui ne s'inventent point, et qu'il faut recueillir de la bouche même des hommes d'action. Sans avoir porté les armes, sans avoir eu place aux conseils des princes, le clerc de Valenciennes parle de guerre et de politique avec le langage technique et l'accent passionné des capitaines et des hommes d'État qui lui racontaient leurs triomphes ou leurs revers.

Il y a quelques jours, l'illustre secrétaire de
l'Académie française caractérisait d'un mot le génie
de Froissart, en le nommant l'Hérodote du moyen
âge. Moins heureux qu'Hérodote, Froissart n'eut
pas à raconter le triomphe de la civilisation
sur la barbarie. De son temps, la barbarie cou-
vrait toute l'Europe de ténèbres, d'où s'échap-
paient à peine quelques lueurs brillantes que jetaient la poésie et l'esprit chevaleresque. Souvent on
ferme les *Chroniques* l'esprit attristé, le cœur serré,
au spectacle de ces guerres cruelles, de ce désordre, de cette anarchie générale. Toutes les nations
ont leurs jours d'épreuve. Qui aurait pu prévoir
alors la glorieuse transformation de notre patrie ?
Notre France, si florissante aujourd'hui, dont toutes
les provinces sont si étroitement unies sous les
mêmes lois, c'est pourtant le pays que Froissart a
vu divisé en petites souverainetés rivales, déchiré
par les factions, ravagé par les armes étrangères.
Sur ce trône où il laissait en mourant un prince
imbécile et une reine adultère, nous voyons le
plus sage politique, qui, sans conquêtes, a replacé
la France au premier rang des nations, une princesse qui nous représente la vertu parée de toutes
les grâces. Ces deux peuples, enfin, dont Froissart

nous raconte les guerres acharnées, viennent de joindre leurs drapeaux et de verser leur sang pour la même cause. Fondée sur une estime réciproque, leur alliance est désormais indissoluble et nous garantit la paix du monde.

XI

BRANTHOME

On ne sait pas grand'chose sur la vie de Pierre de Bourdeilles, abbé et seigneur de Branthôme [1]. Nous ne savons de lui que ce qu'il a bien voulu nous apprendre; mais il était Gascon, aimait à parler de lui-même, et nous ne le croyons pas menteur.

1. Le nom de Branthôme est l'objet d'un grand nombre de variantes orthographiques. On le voit dans les différentes éditions, sous la plume des secrétaires de l'auteur, dans ses manuscrits autographes, écrit de huit manières : *Brantholme, Branthosme, Branthôme, Branthome, Brantolme, Brantosme, Brantôme, Brantome.* Nous avons adopté *Branthôme,* quoique dans le texte nous conservions partout *Branthosme ;* mais ces trois modes : *Brantholme, Branthosme, Branthôme,* peuvent passer pour n'en faire qu'un, soumis aux changements indispensables que le temps apporte. Les premiers

Sa naissance, son caractère, ses goûts, le mirent de bonne heure en relations assez intimes avec la plupart des personnages qui ont joué un grand rôle dans la seconde moitié du XVIe siècle. Il paraît avoir été recherché dans le monde de ce temps pour sa gaîté, son esprit, son commerce sûr. Tel qu'il se montre à nous dans ses ouvrages, il fut surtout un homme comme il faut, ou plutôt comme il le fallait pour son siècle, dont il nous offre un type fidèle, moins les grands vices et les grandes vertus. C'est une excellente moyenne à étudier pour savoir ce qu'étaient les mœurs et les opinions d'il y a trois cents ans.

éditeurs donnèrent la préférence à *Brantome ;* de notre temps on a choisi *Brantôme* (éd. Monmerqué), puis l'on est revenu à *Brantome* (Voy. le titre de l'édition de M. Buchon). Néanmoins, dans le courant du texte, M. Buchon écrit plus volontiers *Branthome*, on ne sait pourquoi. Les plus anciennes chartes latines portent *Brantholmum* et *Brantolmum*, nous écrit M. Dessalles, archiviste de la Dordogne, qui a bien voulu prendre la peine de s'en assurer dans le dépôt confié à ses soins. Un manuscrit cité dans les *Archives de l'art françois* (t. 7, p. 30) ne se sert que de la forme *Brantholmensis*. On ne nous blâmera donc pas plus d'avoir rendu l'*h* au surnom de Pierre de Bourdeilles qu'on n'a blâmé M. Génin de la restitution qu'il a faite de cette même lettre au populaire Pathelin, également châtré par les XVIIe et XVIIIe siècles.

La date et le lieu de sa naissance ne sont nulle part exactement indiqués. Il y a grande apparence qu'il est né dans le Périgord, où sa famille était établie et résidait ordinairement. Il dit quelque part qu' « *en 1552 il était fort petit, au collége ;* » ailleurs, *qu'il avait sept ans lorsqu'il perdit son père.* Or, on a découvert un testament de son père daté de 1547 ; on croit qu'il le fit peu avant sa mort : Branthôme serait donc né vers 1540.

Il était le troisième fils de François, vicomte de Bourdeilles, et d'Anne de Vivonne de la Chastaigneraie. François de Bourdeilles avait été homme d'armes dans la compagnie de Bayard ; il avait été blessé à Pavie, et laissa la réputation d'un brave soldat, un peu mauvaise tête, et médiocrement dévot, ayant vu d'un peu trop près la cour de Rome. Sa veuve accepta la place de dame du corps auprès de Marguerite d'Angoulême, reine de Navarre. Louise de Daillon, dame douairière de la Chasteigneraie, mère de madame de Bourdeilles, remplissait déjà, auprès de la même princesse, les fonctions de dame d'honneur. Branthôme passa les premières années de son enfance auprès de sa mère et de sa grand'mère, jusqu'à la mort de Marguerite, en 1549. Il nous assure que la reine de

Navarre mourut en bonne catholique; nous aimons à le croire, quoiqu'il fût bien jeune pour en juger et qu'à aucune époque de sa vie il n'ait été une bonne caution en matière religieuse. Peut-être dans la petite cour lettrée de Marguerite reçut-il, tout enfant, des leçons de tolérance dont il profita bien. Très-probablement il y prit ce goût pour la lecture et les amusements de l'esprit qui nous a valu ses ouvrages.

Sa famille ayant quitté la Navarre pour retourner en Périgord, il fit ou acheva ses humanités à Poitiers, école illustre alors, où il apprit plus de latin que n'en savait un gentilhomme à cette époque. Cela ne veut pas dire qu'il en sût beaucoup, mais il était en état de citer quelques vers dans l'occasion, et de traduire pour les dames, *à la cavalière*, des inscriptions latines et des passages d'auteurs classiques. On le destinait à l'Église, et, tout enfant, il avait des bénéfices : le doyenné de Saint-Yrieix et les prieurés de Royan et de Saint-Vivien. C'étaient des bénéfices de famille, qui se transmettaient. En 1553, la mort de Jean de Bourdeilles, son frère aîné, tué bravement au siége de Hesdin, attira sur sa famille les faveurs de Henri II, qui donna à notre auteur, âgé d'environ seize ans, l'abbaye de Branthôme, valant à peu près 3000 livres de revenu. Dès lors, selon l'usage du temps, Pierre de Bourdeilles prit le nom de son principal bénéfice, à l'exemple de la plupart des gentils-hommes, qui changeaient leur nom de famille pour celui d'une seigneurie.

Tout abbé qu'il fût, il voulut voir la guerre et le beau pays où son père avait combattu à côté du chevalier sans peur et sans reproche. Il partit pour l'Italie à la fin de l'année 1557 ou au commence-ment de 1558, ayant dessein de servir dans l'armée du maréchal de Brissac, comme volontaire de qualité, c'est-à-dire avec une suite de cinq ou six gentils-hommes entretenus à ses frais, bien armés et mon-tés « *sur bons courtaux.* » Pour mettre ce train sur pied, il avait fait une coupe dans sa forêt de Saint-Yrieix et réalisé une somme de 500 écus d'or. Malgré les *courtaux*, Branthôme allait servir dans l'infanterie, arme qui commençait à être en honneur. Mais on ne se battait guère en Italie en 1558 : aussi Branthôme se crut dispensé de faire grande diligence pour s'y rendre. Il s'arrêta d'abord à Genève, où il vit Poltrot de Méré, celui qui, cinq ans plus tard, assassina le duc François de Guise, alors pauvre exilé faisant des boutons pour vivre, avec le baron d'Aubeterre, autre réfugié protestant, voisin de Branthôme, et un des plus zélés calvinistes du Périgord. Genève était l'asile de la plupart des Français persécutés pour leurs opinions religieuses. Branthôme y rencontra, entre autres, un apothicaire de Paris, qui édifiait les Genevois par sa piété, après s'être rendu célèbre par son adresse à tirer d'embarras les filles qui avaient fait quelque sottise.

Selon toute apparence, les gentilshommes de la suite de Branthôme avaient pour mission de ne pas l'exposer aux occasions trop périlleuses ; il fut cependant blessé à Portofino, près de Gênes, par ce qu'il appelle « *un accident d'arquebusade au visage,* » que ses biographes ont pris pour une blessure reçue sur le champ de bataille. Mais, outre qu'on ne connaît pas de combat livré en cet endroit, il est fort rare qu'un coup de feu au visage ne soit pas une blessure grave ; or, il en fut quitte pour être six jours aveugle. Il est évident qu'il s'agit ici d'une arquebusade à poudre et d'un accident pendant quelque exercice militaire. Rien de plus fréquent, alors que les soldats chargeaient leur arme en tenant entre leurs doigts une mèche allumée. Une belle Génoise le guérit promptement et gracieusement.

Elle lui « jectait dans les yeux du laict de ses beaux
» et blancs tetins, car elle n'avait que trente ans, et
» de ses blanches mains lui oignait le visage de
» quelque graisse composée par elle. » C'était le
commencement d'un joli roman ; mais il n'eut pas
de suite, ou la modestie de notre auteur ne nous
l'a pas révélée.

Bien guéri, Branthôme parcourut l'Italie, et fut
bon ménager de ses 500 écus d'or, car il fit de longs
séjours à Rome, à Milan, à Ferrare et dans d'autres
villes. A l'exemple d'Ulysse, « il voyait les cités et
» observait les mœurs des hommes, » questionnait
beaucoup, et partout se faisait montrer les différentes façons de faire la guerre et l'amour. Ce
fut dans ce voyage qu'il se lia d'amitié avec Philippe
Strozzi, et qu'il s'attacha au grand prieur de France,
François de Guise, général des galères. Branthôme
était neveu de la Chastaigneraie, celui qui fut tué
en duel par Jarnac, et sa parenté avec un homme
que les princes de la maison de Lorraine avaient
fort aimé lui fut une excellente recommandation
auprès du grand prieur. Il le suivit à Naples en
1559, où il vit la cour brillante du vice-roi, le duc
d'Alcala, et les salons de Marie d'Aragon, veuve du
fameux marquis del Vasto, une des femmes les

plus distinguées de ce temps par l'élégance de ses manières et les grâces de son esprit. A bord de la galère du grand prieur, Branthôme essuya une violente tempête à la hauteur de Livourne, et il ne paraît pas éloigné de croire que la bourrasque leur fut attirée par les blasphèmes d'un capitaine génois qui s'en prenait au ciel de ses pertes de jeu.

Nous le retrouvons en France, à la cour, en 1560, sans emploi, mais familier de la maison de Guise, alors toute-puissante. Il était à Amboise au moment où éclata la conjuration tramée par la Renaudie, et rapporte à ce sujet plusieurs anecdotes intéressantes sur ce chef audacieux, encore si mal connu.

En 1561, il accompagna en Ecosse le grand prieur, qui ramenait Marie Stuart, désolée de quitter la France. Il se trouva sur la galère où cette reine était embarquée, ainsi que Chastelard, et vit commencer la passion qui mena ce pauvre gentil-homme à l'échafaud. Après avoir pris congé de la reine d'Ecosse, il s'arrêta à Londres, et fut présenté à Élisabeth, dont il admira la beauté et le grand air. De retour en France la même année, il s'étonna fort de trouver les protestants devenus hardis et se vantant presque tout haut d'avoir pris part à la conjuration d'Amboise. Il n'était pas difficile de prévoir que la guerre civile allait éclater. Elevé catholiquement, bien qu'assez peu scrupuleux, abbé d'ailleurs, de plus attaché à la maison de Guise, Branthôme ne pouvait hésiter sur le choix d'un drapeau. Il accompagnait le duc François dans une escarmouche assez vive sous les murs de Paris, en 1562, puis aux siéges de Bourges, de Blois et de Rouen. Il assista à la bataille de Dreux, sur laquelle il fournit des détails curieux et vrais, et, grâce à la privauté dont l'honorait le duc, il fut du petit nombre des gentilshommes admis, le soir de la bataille, à voir le prince de Condé, prisonnier, se chauffant au coin de la cheminée et se disposant à partager le lit de son vainqueur. Dans toutes ces occasions Branthôme se conduisit en brave soldat, suivant au feu le duc, mais sans témérité, portant à la tranchée un chapeau de fer couvert de feutre noir, pour que l'éclat du métal ne lui attirât pas d'arquebusades : précaution fort louable, et que je ne cite que comme une preuve de son bon sens, remarquable à une époque où beaucoup de jeunes extravagants croyaient le courage inséparable des folles bravades. Le duc de Guise portait la prudence beaucoup plus loin que Branthôme ; car, à Dreux, il donnait son cheval de bataille et son armure à un sien écuyer, à qui cet honneur valut d'être criblé de vingt coups de pistolet.

Branthôme était encore dans l'état-major de François de Guise en 1563, au siége d'Orléans, où il vit arriver au *my-diner* son ancienne connaissance de Genève, Poltrot de Méré, quelques jours avant qu'il fît son coup. Le duc traitait Poltrot avec faveur comme un déserteur de quelque importance ; ce jour-là, il le fit asseoir et manger avec lui. Nous devons à Branthôme la connaissance de plusieurs faits intéressants sur les derniers moments de François de Guise. Tout fanatique qu'il était, Poltrot n'ambitionnait pas de mourir pour « la cause, » et attendait l'occasion de trouver sa victime seule ou mal accompagnée. Or, le duc, après une reconnaissance, voulant retourner à son quartier général, à Olivet, passa le Loiret dans un petit bateau, avec trois ou quatre serviteurs seulement, n'ayant pas voulu qu'on dépensât quatre ou cinq cents écus à refaire le pont sur la rivière, qui aurait permis à son escorte de passer avec lui. « Espargnons, disait-» il, l'argent de notre roy ; il en a assez de besoing » ailleurs…, car un chascun le mange et le pille » de tous côtés. » Cette honorable parcimonie le livra à son assassin. Mortellement blessé et déjà

abandonné des chirurgiens, on lui amena un certain
Saint-Just d'Alègre, qui s'offrit à le guérir au moyen
de paroles ou autres sortiléges dont il disait avoir
le secret. Le blessé, qui croyait aux arts magiques
comme tous les hommes de son temps, refusa d'en
faire usage, « aimant mieux mourir que de s'adonner
» à tels enchantements prohibés de Dieu. » Branthôme, qui questionna l'assassin, ne dit pas qu'il
ait chargé l'amiral, et cependant il laisse clairement voir ses soupçons, partagés alors par tous les
catholiques. Il entendit le jeune Henri de Guise,
âgé de treize ans, jurer « qu'il ne mourrait pas
» avant qu'il n'eût vengé la mort de son père. »

L'assassinat de François de Guise fut suivi d'une
paix, ou plutôt d'une trêve, entre les catholiques
et les protestants, et les troupes réunies des deux
factions naguère ennemies allèrent assiéger et
prendre le Havre aux Anglais. Il ne paraît pas
que Branthôme ait servi dans cette expédition.

En 1564, il entra dans la maison du duc d'Orléans, qui fut depuis Henri III, en qualité d'un de
ses gentilshommes, à 600 livres de gages. Cette
charge, qui n'avait rien de commun avec celle des
mignons, lui ouvrait un accès à la cour, sans lui
donner, comme il semble, beaucoup d'occupation,

car il quitta bientôt après la France pour s'engager dans une expédition que les Espagnols préparaient contre les Barbaresques. Probablement les relations que Branthôme avait eues avec quelques seigneurs espagnols pendant son séjour à Naples l'avaient entraîné dans cette campagne, qui ne fut ni longue ni meurtrière. Une armée de 10,000 hommes, sous les ordres de D. Garcia de Tolède, attaqua en août 1564 le Penon de Velez, place assez forte, mais n'ayant pour toute garnison que 60 Turcs, qui s'enfuirent après les premières volées de canon. Le fort pris, la campagne fut terminée, et Branthôme alla débarquer à Lisbonne, où il fut reçu comme un gentilhomme de distinction et un héros vainqueur. Le roi don Sébastien, qui allait bientôt apprendre à ses dépens que les Maures n'étaient pas des ennemis à dédaigner, se fit conter les détails de l'expédition, et donna à notre auteur son ordre du Christ. De Lisbonne, Branthôme se rendit à Madrid, et ne fut pas moins bien accueilli par la reine Élisabeth, charmée de voir un de ses compatriotes porteur de nouvelles assez fraîches de la cour de France. Elle pria le duc d'Albe de le présenter à son mari, Philippe II, à don Carlos et à don Juan d'Autriche. C'est à

Branthôme que l'on doit les détails les plus exacts
sur don Carlos, dont il paraît avoir bien connu
l'esprit borné et le caractère sournois et malveillant.
Au moment de repartir pour la France, il fut chargé par la reine d'Espagne d'une commission dont
ni lui ni elle ne comprirent alors la portée. Il
s'agissait de faire part à Catherine de Médicis du vif
désir que sa fille avait de la revoir, et de lui proposer une entrevue à la frontière de leurs États.
En réalité, Philippe II voulait détacher la France
d'une alliance avec les insurgés des Provinces-
Unies, et l'on croit que l'entrevue de Bayonne, en
1565, eut pour résultat de resserrer l'alliance de
Catherine avec l'Espagne, et de redoubler ses rigueurs contre les calvinistes français, qui, bientôt
poussés à bout, recommencèrent la guerre civile en
1567.

Branthôme rejoignit la cour en Provence, s'acquitta de sa mission, fut du voyage de Bayonne,
et aussitôt après repartit pour une nouvelle expédition. Malte était attaquée par l'armée de Soliman, et la résistance héroïque de l'ordre de Saint-
Jean excitait dans toute la chrétienté un enthousiasme religieux et chevaleresque. Vainement le
grand-maître, Parisot de la Valette, s'était adressé

à la France pour obtenir des secours. Le gouvernement de Catherine avait des traités avec la Porte, et depuis François Ier on s'était accoutumé à la regarder comme une alliée utile. Mais cette politique était hautement blâmée par la jeune noblesse, et les plus grands personnages de l'État ne s'y soumettaient eux-mêmes qu'avec répugnance. Catholiques ou protestants, nombre de jeunes gentilshommes, tout pleins des souvenirs des croisades, partaient pour Malte comme volontaires, brûlant de batailler contre les infidèles. Philippe Strozzi, entre autres, commandant le régiment des gardes, obtint un congé, sans prendre beaucoup de peine pour cacher la manière dont il voulait l'employer. Branthôme, son frère cadet, le baron d'Ardelay, M. de Brissac, le fils du maréchal, et quelques autres, se mirent de la partie, et tous ensemble se cotisèrent pour lever un régiment de 8 à 900 hommes, vieux soldats qu'ils prirent à leur solde et dont ils se partagèrent le commandement. Tandis que les soldats étaient dirigés par mer vers la Sicile, où était le rendez-vous général de l'expédition, Branthôme, avec ses amis, traversa l'Italie pour les rejoindre. Il s'arrêta d'abord à Milan, et s'équipa avec tout le luxe possible dans cette ville, très-re-

nommée pour ses fabriques d'armures et d'arque-
buses. Il fit encore quelque séjour à Naples, où il
revit la marquise del Vasto et en fut reçu aussi bien
que la première fois ; mais tous ces retardements
eurent pour effet que les volontaires et leur régiment n'arrivèrent à Malte qu'après la levée du
siége.

Là, Branthôme eut quelque velléité d'entrer dans
l'ordre de Saint-Jean ; mais il en fut dissuadé par
son ami Strozzi, qui lui démontra que les grands
événements qui se préparaient en France lui four-
niraient de plus belles occasions de faire fortune. Il
quitta Malte sur une galère de l'ordre, espérant qu'il
pourrait toucher à Naples et se retrouver encore
dans l'agréable compagnie de la marquise del Vasto ;
mais le vent le porta à Terracine, et il fallut y débarquer. A Rome, où il se rendit ensuite avec ses
compagnons, le pape accueillit avec les plus grands
honneurs les nouveaux croisés. Quelques protestants
de la bande ayant fait gras un jour maigre, ou
peut-être donné un plus grand scandale, le Saint-
Père arrêta les poursuites du saint-office et ferma
les yeux sur l'étourderie de ces jeunes gens. Branthôme, qui se permet parfois des suppositions har-
dies contre les gens d'église, insinue que la pré-

sence de quelques vaisseaux turcs en vue d'Ostie aurait pu déterminer le Saint-Père à ménager de vaillants soldats dont bientôt peut-être il aurait besoin.
Nous aimons mieux ne voir dans la conduite de
Pie V qu'un effet de sa douceur et de sa bénignité
naturelles. Trop bon catholique pour manger de la
chair le vendredi, Branthôme se contentait de
« donner chez les dames romaines, » pour parler
comme Molière, ou de *voisiner* chez elles, comme
disent les Italiens. Une beauté célèbre, qu'il avait
trouvée cruelle à son dernier voyage, lorsque ses
500 écus tiraient à leur fin, se montra repentante
et douce maintenant qu'il revenait avec une bourse
assez bien garnie. D'ailleurs la dame s'était mariée
dans l'intervalle, à un galant homme qui était bien
aise d'avoir pour amis des étrangers de distinction.

Avant de revenir en France. Branthôme s'arrêta
quelques semaines à Milan. pour se perfectionner
dans l'art de l'escrime, à l'école d'un maître fameux
nommé le Grand Tappe. Nous avouerons à regret
qu'il nous a été impossible de savoir s'il devait
cette épithète honorable à son génie, comme Alexandre et Pompée, ou seulement à sa taille. Tout en
ferraillant, notre auteur méditait alors une expédition nouvelle. Il était cruel d'être allé à Malte sans

voir de Turcs, mais on en trouvait beaucoup en
Hongrie, où tous les ans ils venaient butiner. On
annonçait pour cette année une invasion formidable, et l'Allemagne était sous les armes. En arrivant à Venise, pour de là gagner la Hongrie,
Branthôme apprit la mort de Soliman, et aussitôt
il jugea que les infidèles laisseraient les chrétiens
en repos pour quelque temps. Toutes les occasions
de faire la guerre lui échappant, il prit le parti de
retourner en France. En passant par le Piémont, il
alla présenter ses hommages à madame Marguerite
de France, duchesse de Savoie, dont il se prétendait
un peu parent. Cette princesse, toujours bienveil-
lante pour ses compatriotes, jugea que de sa croisade notre auteur rapportait une bourse assez plate,
et lui offrit 500 écus. Branthôme répondit qu'il avait
assez d'argent pour achever son voyage, fierté rare
pour le temps, et que nous citons avec plaisir,
comme une preuve de ses sentiments élevés. A cette
époque, peu de gentilshommes, même plus riches
que Branthôme, auraient imité son désintéresse-
ment.

Toujours tourmenté de l'envie de faire la guerre,
Branthôme avait résolu de s'enrôler sous la bannière
d'un général qui ne laissait guère chômer ses

soldats. Il allait offrir en Flandre ses services au
duc d'Albe, lorsque la guerre civile, éclatant en
France, vint donner ample satisfaction à son humeur
aventureuse. Il obtint du roi la permission de lever deux compagnies d'infanterie. Soit que l'argent
lui manquât, soit par tout autre motif, il n'en recruta qu'une seule ; mais il eut soin de faire valoir
son titre de commandant de deux compagnies, titre
aussi singulier alors qu'aujourd'hui, qui était moins
que celui de mestre de camp, c'est-à-dire colonel,
mais plus que celui de capitaine. « Il n'en coûte
rien, dit le baron de Fæneste, d'appeler les choses
par noms honorables. » Après la bataille de Saint-
Denis, où Branthôme assista sans avoir grand'chose
à faire, car la cavalerie des deux armées fut presque seule engagée, il fut envoyé en Auvergne avec
sa compagnie, et prit part à quelques affaires assez
chaudes. En 1568 il se trouvait en garnison à Péronne, mécontent de la cour, comme il semble, pour
une cause qu'il n'a pas voulu nous faire connaître.
Probablement les protestants en furent informés, et
lui dépêchèrent Theligny, gendre de l'amiral, et de
longue date ami de Branthôme, dans l'espoir de le
débaucher à leur cause. On lui offrait, s'il voulait
livrer Péronne, de lui donner le gouvernement de

la ville, et de lui garantir la possession de cette charge
à la paix, selon l'usage du temps, où tous les traités commençaient par des stipulations en faveur
des transfuges. Branthôme refusa nettement, mais
sans se brouiller avec Theligny, circonstance qui ne
diminue en rien le mérite de son action, mais qui
peint le désordre d'un temps où sans se déshonorer
on pouvait faire des propositions semblables. La
paix qu'on appela si justement la *Malassise* fut con-
clue, et Branthôme revint à la cour, où il fut nommé gentilhomme ordinaire du roi. Il assistait en
cette qualité à une espèce de petite guerre sur la
Seine, où plusieurs barques assaillaient une galère
montée par le roi. Bien que le combat se livrât
d'après un programme réglé d'avance, les accidents
ne pouvaient manquer en ce jeu de mains. Le baron
de Montesquiou, capitaine des gardes du duc d'Anjou, poussé dans l'eau par Fervacques, se serait
noyé sans Branthôme, qui le saisit et le tira dans
la galère. On sait quelle influence eut ce petit événement. Quelques mois plus tard, Montesquiou as-
sassinait le prince de Condé à Jarnac. Il appelait
toujours Branthôme son père, qui n'était pas trop
embarrassé d'avoir un tel fils.

Les troisièmes guerres civiles éclatèrent en 1569.

Branthôme fit une partie de la campagne, non plus à la tête de sa compagnie, qu'il avait résignée dans un jour de mauvaise humeur, mais dans l'état-major de Monsieur, général de l'armée royale. Il nous semble douteux qu'il ait assisté aux batailles de Jarnac et de Moncontour. Dès le début de la campagne il avait été atteint d'une fièvre intermittente, et bientôt obligé de se retirer dans son abbaye. Elle était alors fort exposée, le Périgord étant envahi par le gros des forces calvinistes. Ce fut à peu de distance de Branthôme que les reîtres allemands commandés par le duc de Deux-Ponts firent leur jonction avec l'armée de l'amiral. Tous les chefs protestants, moins le duc, qui mourut d'indigestion en arrivant, se logèrent dans l'abbaye, où se trouvèrent à la fois Henri IV, âgé de seize ans, son cousin le prince de Condé, les princes d'Orange et de Nassau, et l'amiral lui-même. La courtoisie de l'abbé commendataire, ses relations anciennes avec les chefs protestants, valurent à l'abbaye un traitement auquel les moines ne s'attendaient guère. On ne pilla point, on ne cassa pas les verrières, on ne mutila pas les statues des saints, exploits ordinaires des réformés; bien plus, on permit aux religieux de dire leurs offices comme à l'ordinaire. Coligny s'entretint fa-

milièrement avec Branthôme, qui était parent de
sa femme, Charlotte de Laval, sœur d'Antoinette
de Daillon, grand'mère de Branthôme. Il semblait
profondément dégoûté de la guerre civile, résolu
pourtant à ne déposer les armes que lorsqu'il aurait
obtenu la liberté de conscience pour ses coreli-
gionnaires.

Guéri de sa fièvre, Branthôme fut vivement pressé
par Lanoue de l'accompagner en Flandre, où
on l'invitait à guerroyer contre les Espagnols à la
tête de l'armée des États. On se rappelle que peu
auparavant Branthôme songeait à prendre du service parmi les Espagnols contre les Flamands insurgés ; mais, pourvu qu'il vît du pays et qu'il se
trouvât avec des camarades, il ne tenait guère au
drapeau sous lequel il devait combattre. Pourtant
il donna la préférence à Strozzi, qui, de son côté, méditait une expédition en Amérique. Il ne se proposait rien moins que de conquérir ou de rançonner
le Pérou, entreprise moins facile alors qu'elle ne
le fut un siècle plus tard, lors des étonnants exploits
des flibustiers, mais qui offrait à une imagination
aventureuse toutes les tentations de gloire et de
butin. Les préparatifs de l'armement durent être
surveillés par Branthôme, qui paraît avoir été as-

sez entendu en matière de navigation. Cet armement le retint à Brouage pendant une partie
des années 1571 et 1572, et il eut le bonheur de
ne pas voir la Saint-Barthélemy. Pendant qu'il
s'occupait à Brouage des affaires de Strozzi, celui-
ci se conduisit mal à son égard, et Branthôme,
d'ailleurs sans s'expliquer catégoriquement, l'accuse d'avoir trahi les lois de l'amitié. Quelques
biographes ont cru que, pendant que notre auteur
était à Brouage, Strozzi cherchait à épouser madame de Bourdeilles, sa belle-sœur. Il se peut qu'il
lui fit la cour, mais l'épouser était impossible, car
André de Bourdeilles, frère de Branthôme, était
encore vivant. Ce qui paraît incontestable, c'est
que Strozzi, fort égoïste, ne s'occupait nullement
de la fortune de son ami ; il en exigait beaucoup,
et ne le payait pas de retour. Dans un moment de
dépit, Branthôme voulut quitter Brouage et s'engager dans l'armée de don Juan d'Autriche, pour
la campagne navale qui se termina par la bataille
de Lépante, mais Strozzi lui fit faire commandement par le roi de demeurer en France. Branthôme nous dit qu'à cette époque il avait à se plaindre d'un *grand*, qu'il ne nomme point ; on hésite
entre Monsieur (Henri III) et le duc de Guise,

grands tous les deux, tous les deux courtisés par
Branthôme et protecteurs fort tièdes à son endroit.

Le siége de la Rochelle, dernier asile des réformés après la Saint-Barthélemy, tira Branthôme de
sa retraite. Il en a parlé longuement, et s'y montre
commensal de Strozzi, qui commandait les gardes
françaises, et familier de Monsieur et du duc de
Guise, alors liés d'une étroite amitié. Le siége
fut, comme on sait, long et pénible, surtout pour
l'armée royale. Branthôme y revit Henri IV, espèce
d'otage qu'on menait combattre contre ses anciens
amis. Notre auteur lui prêta la première arquebuse qu'il eût tirée sur des Français. Très-probablement Branthôme n'y entendait pas malice, mais le
duc de Guise et Monsieur étaient charmés de com-
promettre ainsi leur prisonnier. De son côté, Henri IV
aimait la poudre et tirait pour tirer. On tenta
une escalade sur une brèche mal faite, et Strozzi,
qui commandait l'attaque, fut culbuté dans le fossé.
Branthôme, qui le suivait à quelques échelons de
distance, aida à le retirer de dessous les morts et
les pierres éboulées. Il reçut dans cette affaire
plusieurs arquebusades dans son armure. Une
autre fois il fut couvert du sang et de la cervelle
d'un de ses camarades, atteint d'un boulet. Il avait

des amis partout et était beau parleur. Pendant
une trêve qui suivit l'assaut repoussé par les Rochellois, les assiégés plantèrent sur un de leurs
bastions six drapeaux enlevés par eux aux troupes
royales, comme pour les défier d'aller les reprendre. Branthôme persuada aux Rochellois de faire
disparaître ces trophées, qui exaspéraient les soldats catholiques et qui pouvaient empêcher un ac-
commodement : car, malgré les assauts et les sor-
ties continuels, on traitait toujours. Le siége finit
enfin par un traité médiocrement honorable pour
l'armée assiégeante.

La paix ramena Branthôme à la cour, où nous
le retrouvons assidu auprès de la reine-mère, auprès du jeune duc de Guise, accueilli par eux comme
un homme aimable et un ami sûr, mais aussi
comme un homme sans importance. On ne parve-
nait guère à cette époque qu'en se faisant craindre.

En 1574, il alla au-devant de Henri III, qui laissait le trône de Pologne pour celui de France, le
rejoignit à Lyon et eut l'honneur de le débotter.
Cependant la guerre civile s'était rallumée dans le
Midi ; tandis que les royalistes faisaient le siége de
Lusignan, Branthôme fut dépêché de Lyon en Sain-
tonge auprès de Lanoue, son ami, chef des réfor-

més, pour quelque négociation dont il ne nous a pas fait connaître le but. Selon toute apparence, il s'agissait de propositions de paix qui pour lors ne paraissent pas avoir été acceptées.

Après le sacre de Henri III à Reims, où il assista en vertu de sa charge, en 1575, il fut sollicité de nouveau par Lanoue, qui, libre enfin de la guerre civile, allait prendre en Flandre le commandement de l'armée des États. Branthôme refusa encore ; mais, apprenant, la veille de son départ, que l'ambassadeur d'Espagne avait aposté des gens pour assassiner Lanoue, il se constitua son garde du corps, et le ramena à son logis avec une escorte de domestiques bien armés. Ces occasions étaient assez fréquentes à la fin du xvie siècle, et quelques années auparavant il avait rendu le même service à Bussy d'Amboise, son parent, mal vu du roi et obligé de s'exiler. Peu s'en fallut que cette hardiesse n'entraînât Branthôme dans la disgrâce de Bussy.

Cette même année 1575, il obtint un succès flatteur pour son amour-propre : il fit un évêque ; c'était un sien cousin, François de Bourdeilles, qu'à sa sollicitation le roi nomma au siége de Périgueux. Mais Branthôme n'avait pas la main heureuse : le nouvel évêque se montra peu reconnaissant; Branthôme l'accuse d'ingratitude, et l'appelle « un âne bâté, et caparaçonné quand il avait sa chape. »

L'année suivante, il accompagna la reine-mère dans le voyage qu'elle fit en Poitou pour ramener le duc d'Alençon, brouillé avec la cour et en traité avec les protestants. Il fit encore partie de la suite de cette princesse en 1578, lorsqu'elle conduisit en Navarre sa fille Marguerite de Valois.

Au milieu des plaisirs de la cour, Branthôme n'oubliait pas ses amis malheureux. Lanoue, en Flandre, s'était fait battre par les Espagnols, et il était leur prisonnier, durement traité, comme hérétique et chef des rebelles. La cour de France, qui le haïssait et le craignait, ne faisait aucune démarche pour adoucir sa captivité. Branthôme sollicita le roi à plusieurs reprises et avec beaucoup de hardiesse ; il s'adressa également à tous les personnages qui pouvaient avoir quelque influence ; mais de tous les côtés ses efforts furent inutiles.

Le frère aîné de Branthôme, André de Bourdeilles, mourut en janvier 1582. Il était sénéchal et gouverneur du Périgord, capitaine de 50 hommes d'armes des Ordonnances, chevalier de l'ordre et conseiller privé. Pendant les guerres civiles, sa

fidélité ne s'était jamais démentie, et il avait
rendu de véritables services en conservant au Roi
une province souvent menacée par l'ennemi. Branthôme demanda à Henri III la survivance de la charge
de sénéchal du Périgord pour son neveu, le fils
d'André de Bourdeilles, garçon âgé de neuf ans à
peine. Il est assez difficile de le croire lorsqu'il nous
dit qu'il n'ambitionnait pas cette charge pour lui-
même « et qu'il s'en souciait comme d'une prune
(*tridet*). » Il prétendait seulement, assure-t-il, garder la charge pour son neveu, par respect pour les
droits de la branche aînée, de même que plus tard,
en s'attachant à la veuve d'André et l'empêchant
de contracter un nouveau mariage, il conserva dans
sa famille les biens considérables de cette dame.
Quoi qu'il en soit, le roi comprit qu'il était impossible de confier une charge importante à un enfant de neuf ans, et il dit à Branthôme qu'il la lui
donnerait à lui-même, ajoutant obligeamment que
plus tard il lui permettrait de s'en défaire en faveur
de son neveu. Peu de jours après, au moment d'ex-
pédier le brevet, le roi apprit qu'André de Bourdeilles avait déjà disposé de la sénéchaussée de Périgord en faveur de son gendre, le vicomte d'Aubeterre. Il avait élevé ce gentilhomme, fils d'un chef

protestant fameux, le même que Branthôme avait trouvé faisant des boutons à Genève en compagnie de Poltrot, l'avait converti et lui avait donné sa fille. Par son testament, il laissait à cette fille dix écus seulement; mais dans son contrat de mariage il s'était obligé à résigner sa charge au vicomte d'Aubeterre, avantage qui devait lui tenir lieu de complément de dot et de legs. Le roi se crut obligé de respecter les dernières volontés d'André de Bourdeilles, et Branthôme en fut piqué au vif, plutôt, dit-il, pour l'affront personnel que pour le dommage fait à sa famille; car le vicomte d'Aubeterre annonçait l'intention de céder sa charge à Henri de Bourdeilles, fils d'André, lorsqu'il serait en âge de l'exercer. Le roi s'excusant, Branthôme lui dit : « Vous m'avez donné, ce coup, grand subject de vous » faire jamais service comme j'ay faict. » En sortant du Louvre, il jeta sa clef de chambellan dans la Seine, et pendant quelque temps il ne parut plus chez le roi ; pourtant il continuait de faire sa cour à la reine-mère.

Mécontent de son maître, mécontent des Guises, qu'il accuse de payer mal le dévouement de leurs créatures, Branthôme fut tenté un instant de s'attacher à la fortune du duc d'Alençon, prince ambitieux et hardi jusqu'à la témérité, qui flattait tour à tour les protestants et les catholiques pour se faire un parti et profiter de l'anarchie générale. Arrivé à la maturité de l'âge, Branthôme commençait à s'apercevoir qu'il avait employé ses plus belles années d'une manière assez inutile à sa fortune. Satisfait de l'apparence, il avait négligé la réalité. Il avait recherché avec passion la familiarité des grands ; mais il leur avait trop laissé voir qu'un sourire et quelques bonnes paroles suffisaient pour assurer son dévouement. Il avait affecté une insouciance cavalière pour les honneurs, et on l'avait pris au mot. Cependant il voyait ses anciens camarades pourvus de charges considérables, devenus de grands seigneurs, tandis que lui, ami de tout le monde, était traité par tous comme un personnage sans conséquence. Longtemps bien venu auprès des dames, après beaucoup de galanteries, il demeurait sans établissement à un âge où il lui devenait plus difficile de former une liaison légitime, et presque ridicule de chercher des aventures. Dans ces sombres pensées, il se souvint de l'accueil qu'il avait reçu à différentes reprises de plusieurs grands seigneurs espagnols. Les connaissant moins à fond que les Français, il était disposé à les juger plus favorablement. La gravité castillane, si opposée à la légèreté française, lui semblait une preuve de bonne foi et de sincérité. La fortune du connétable de Bourbon, et, pour ne pas élever si haut ses visées, celle de Le Peloux, serviteur de ce prince, comblé d'honneurs par Charles-Quint et ramené par lui en France comme pour y braver son ancien maître, maint autre exemple de défections magnifiquement récompensées, lui revinrent en mémoire, et il nous avoue qu'il songea sérieusement à offrir ses services à l'Espagne contre sa patrie. A la vérité, il ne pouvait se flatter d'apporter un grand poids dans la balance, et, quelque bonne opinion qu'il eût de son mérite, il n'osait guère espérer que le prudent Philippe II estimât à un bien haut prix une épée encore assez peu connue. Cependant il avait navigué, pratiqué les ports de l'ouest de la France et ceux de la Méditerranée ; chargé de diriger les armements de Strozzi à Brouage, il avait recueilli beaucoup de documents précieux sur l'état de notre marine et de nos ports ; il se proposait d'étudier de nouveau les points faibles de nos côtes, et, muni d'un plan de surprise de sa façon, d'aller le présenter au gouvernement espagnol. Pour traverser la frontière, il comptait demander la permission du roi ; mais

il était résolu à s'en passer, si on la lui refusait.
Un accident qui paraît lui être arrivé vers 1584,
et sur lequel nous reviendrons dans la suite, le
préserva de cette trahison. Un cheval « dont le
» malheureux poil blanc » présageait quelque accident, superstition qui se conserve encore parmi nos
cavaliers, qui se défient d'un cheval à quatre
balzanes, se renversa sur lui et lui fracassa les
reins. Il dut passer quatre ans entiers dans son lit,
et tout le reste de sa vie il demeura infirme et
souffrant. Dans son malheur il trouva une amitié
dévouée. La veuve de son frère André fut sa garde
assidue, et lui prodigua les soins les plus empressés.
Branthôme, qui oublie souvent les confidences qu'il
nous a faites pour se vanter de ses bonnes ou mau-
vaises actions, se fait un mérite d'avoir été toujours
une garde vigilante auprès de madame de Bourdeilles, de l'avoir empêchée de se remarier et de
porter dans une autre famille sa fortune, qui était
considérable pour le temps. On peut se demander
qui des deux gardait l'autre et de quel côté était
le dévouement à la famille.

Depuis son accident, Branthôme paraît avoir
demeuré ou dans son abbaye, ou aux environs.
Son oisiveté forcée nous a valu probablement ses

volumineux ouvrages. Cloué sur un lit de douleurs, il trouva quelque soulagement à écrire ses souvenirs et ses réflexions. Il variait ses distractions par de nombreux procès contre ses parents, ses voisins, et les moines de son abbaye. Plaideur acharné, dans son testament il lègue des procès à ses héritiers et leur recommande de poursuivre ses adversaires à outrance. Sauf un commerce littéraire avec quelques beaux esprits du temps et quelques personnages illustres, entre autres la reine Marguerite, pour laquelle il professait une admiration chevaleresque, il cessa toutes relations avec le monde où il avait toujours vécu. On devine par ses ouvrages et par les railleries d'un écrivain calviniste qu'il avait un secret penchant pour la Ligue, et peut-être l'a-t-il servie à sa manière, car d'Aubigné lui donne une petite place, celle de porteur de sonnettes, dans sa caricature de la procession catholique qui eut lieu pendant le siége de Paris. Il mourut le 15 juillet 1614, dans un oubli profond, sans que ses héritiers songeassent à exécuter un des articles de son testament qui prescrit de publier ses manuscrits, et sans que les personnes auxquelles ils furent sans doute communiqués se soient avisées d'y ajouter un commentaire, qui serait pour nous si intéressant.

Ce qu'on vient de lire de la vie de Branthôme doit disposer à l'indulgence pour ses écrits. Il faut attribuer à la maladie de l'auteur l'amertume de certaines de ses réflexions, et la gaîté qui l'emporte presque toujours mérite d'autant plus d'être remarquée qu'elle n'a pu être vaincue par la souffrance.

Sauf une manière parfois un peu avantageuse de présenter les faits qui le concernent, Branthôme nous paraît remarquablement sincère ; peut-être parce qu'il était de ces gens qui, ayant toujours besoin de parler d'eux-mêmes, aveuglés d'ailleurs par leur amour-propre, disent le bien comme le mal, incapables de dissimuler, car toute action où ils ont pris part leur paraît digne de mémoire.

Notons pourtant deux points à la louange de Branthôme. Il écrivit, comme on sait, un livre sur les duels, et il est évident qu'il affectionnait beaucoup ce sujet ; cependant, il ne nous a jamais parlé d'une affaire qui lui fût personnelle, et à l'époque où il vivait cela peut passer pour une singularité. Il fallait qu'il fût doué d'une politesse et d'une douceur de mœurs dont la cour de France présentait alors bien peu d'exemples.

Il a également écrit sur l'amour et la galanterie, fort au long et avec complaisance, sans jamais faire allusion à ses bonnes fortunes; on doit lui savoir gré de sa discrétion. En outre, lorsqu'il a parlé des dames de son temps et de leurs aventures, ç'a toujours été avec une certaine réserve, non peut-être dans les termes, mais dans les précautions qu'il a prises pour qu'on ne pût reconnaître les personnages de mainte anecdote scandaleuse qu'il raconte. Il nous paraît vraisemblable qu'il n'a écrit que pour quelques personnes bien instruites, dont il voulait seulement réveiller les souvenirs, sans répandre le scandale où il n'avait pas pénétré.

Le plus grand reproche que la postérité puisse adresser à Branthôme, c'est non point un fait, mais une pensée de trahison. Il ne faut pourtant pas le juger avec la rigueur que mérite aujourd'hui le Français qui vend ses services à l'ennemi. De son temps, les gentilshommes prétendaient encore à une complète indépendance, et se croyaient libres de changer de suzerain lorsqu'ils avaient à se plaindre du maître que le hasard de la naissance leur avait donné. Au xive siècle il y avait en Castille, à l'usage des *Ricos omes*, une procédure particulière pour se *dénaturer*, c'est-à-dire pour changer de roi et de patrie. Bien qu'en France on ne trouve point de trace d'une semblable coutume, est-il surprenant qu'à la fin du xvie siècle, après trois guerres civiles où les deux partis avaient appelé l'étranger à combattre pour leurs querelles, le sentiment du devoir fût très-affaibli dans tous les cœurs ? Il y avait alors quantité de gentilshommes dont l'honneur n'avait jamais été soupçonné, qui, à la tête de reîtres allemands, avaient sabré leurs compatriotes, qui pouvaient même avoir croisé l'épée contre leur roi ou les princes de sa maison. Branthôme, lorsqu'il était, à Lyon, de service auprès de Henri III, avait entendu la fière réponse du baron de Montbrun, chef des protestants dauphinois. — « Nous sommes en guerre, disait-il, et je ne connais plus les ordres du roi lorsque *j'ai le cul sur la selle.* » Remarquons encore qu'à cette époque la patrie était un mot à peu près vide de sens ; on ne connaissait guère alors cet être de raison, ou bien il fallait le confondre avec l'amour du souverain, et la France avait pour rois Charles IX et Henri III.

Les opinions exprimées par Branthôme sur les

choses et les hommes fournissent souvent au lecteur l'occasion de comparer son époque à la nôtre. Dans tous les cas, il faut se garder de juger les actions des hommes du XVIᵉ siècle comme nous jugeons celles du XIXᵉ. Nous ne sommes pas de ceux qui croient que nos aïeux valussent beaucoup mieux que nous ; nous ne pensons pas non plus que nous leur soyons très-supérieurs en moralité. Il n'y a pas de nation probablement qui ait moins changé que les Français ; leur portrait par César est encore ressemblant, et, pour remonter plus haut que César et Posidonius, les Gaulois vainqueurs à l'Allia ne sont-ils pas bien nos aïeux ? Pour réfuter l'outrecuidance de Niebuhr à refaire l'histoire romaine, il suffit de lire dans Tite-Live les détails de la prise de Rome. Les vieux annalistes qu'il a transcrits n'ont pas composé un roman lorsqu'ils ont trop exactement noté ce trait caractéristique de notre nation, qui passe si facilement de l'enthousiasme à l'ironie, du respect à l'insulte et à la fureur. Quoi de plus français que cette avant-garde de Brennus s'arrêtant saisie de vénération devant les vieux sénateurs assis dans leurs chaires curules ? Puis vient leur loustic, un enfant de Lutèce, sans aucun doute, qui leur tire la barbe. On sait le reste.

On retrouve dans Branthôme les descendants de
ce gamin irrévérencieux, et nombreuse est encore
sa postérité. Elle a ses bons comme ses mauvais
côtés, et n'est jamais pire que lorsqu'elle est sans
chef pour lui montrer un noble but. Au xvie siècle,
la France n'avait point de chef ; si les lois ne faisaient faute, il n'y avait personne pour les faire
exécuter. Le manque de sécurité, obligeant chacun
à pourvoir à sa propre défense, explique, sans les
justifier, une grande partie des crimes de cette
époque. Avoir un ennemi, c'était alors courir le
risque continuel d'un guet-apens, et, pour s'en garantir, on cherchait à gagner son adversaire de vi-
tesse. Le duel, qui commençait à être très-fréquent,
et qui remplaçait les combats judiciaires ou autorisés par le souverain, le duel eût été un adoucisse-
ment à cette pratique de l'assassinat ; mais on voit
par ce qu'en dit Branthôme que les casuistes courtisans étaient fort indulgents sur cet article, et
lui-même, qui montre une délicatesse singulière en
matière d'honneur, ne condamne pas formellement
le duelliste qui s'arrange pour mettre toutes les
chances de son côté. Il est évident qu'à la fin du
xvie siècle on ne se battait pas, comme aujour-
d'hui, pour prouver qu'on fait plus de cas de l'o-

pinion que de la vie ; on se battait pour se venger ou se défaire d'un ennemi.

Cette sauvagerie développait à un haut degré l'énergie individuelle ; elle formait des amitiés solides, mais elle ôtait à l'opinion tout son pouvoir. La société se divisait en petits groupes bien unis, chacun autour d'un protecteur. Patrons et clients, sentant le besoin qu'ils avaient les uns des autres, ne connaissaient guère d'autres crimes que ceux qui pouvaient nuire à leur association. C'était alors comme une trahison que d'abandonner un ami coupable, et presque un devoir de l'aider dans ses entreprises les plus criminelles. Nous ne parlons pas de ces duels où l'on entraînait, comme à une fête, des seconds ou des tiers qui s'égorgeaient bravement sans avoir rien à démêler dans la querelle. Il n'y avait pas, au temps de Branthôme, un gentilhomme assez abandonné pour ne pas trouver au besoin un camarade ou deux lorsqu'il s'agissait d'attendre un homme au coin d'une rue pour lui casser la tête. Le monde des indifférents n'y trouvait rien à gloser ; tout au plus un regret pour le mort ; parfois un éloge pour la hardiesse des meurtriers, s'ils s'étaient attaqués à quelque brave reconnu.

Les relations, fréquentes depuis le commencement du siècle, entre la France et l'Italie, avaient eu aussi une funeste influence sur les mœurs. On dit que la renommée des vins d'Italie détermina nos ancêtres les Gaulois, grands ivrognes, à passer les monts. Pour les Français du XVIe siècle l'Italie avait bien d'autres attractions. Les soldats de Charles VIII, de Louis XII et de François Ier, arrivant dans les plaines qu'arrose le Pô, ne furent pas sans doute moins délicieusemeut surpris que ceux de Brennus. Ils y trouvèrent toutes les séductions que la nature, les arts, une civilisation raffinée, pouvaient offrir à des hommes ardents à tous les plaisirs et qui croyaient les rencontrer pour la première fois. Une langue facile, dont les nombreux dialectes se confondent par une transition presque insensible avec ceux de nos provinces méridionales, favorisait les rapports des conquérants avec les gens du pays. L'Italie donna la mode; les gentilshommes de Touraine ou de Normandie portaient des toques à la guelfe ou à la gibeline, revêtaient des armures de Milan, montaient des chevaux du Règne ou de la Polesine ; ils voulaient avoir des *loges* dans leurs châteaux du Nord, au risque de périr de froid. Jusque-là le mal n'était pas grand ; mais il était impossible que ces admirateurs enthousiastes n'imitassent pas bientôt jusqu'aux mœurs de ceux qu'ils avaient pris pour maîtres. Or, la plus épouvantable anarchie régnait alors dans la Péninsule ; partout le pouvoir appartenait au plus scélérat et au plus rusé. L'Italie était en proie à la dernière des calamités qui puisse accabler une nation, car elle servait de champ de bataille aux barbares et ne se défendait que par des armes étrangères. Les Italiens avaient tous les vices des esclaves et s'en faisaient honneur. Ils avaient des professeurs de politique qui apprenaient, avec le plus grand respect pour la logique et le plus grand mépris pour la morale, l'art de gouverner les peuples. « Tous les hommes sont méchants, disaient-ils, et ce serait une duperie que de se conduire avec eux comme s'ils étaient honnêtes. L'important, c'est d'être fin et d'être préparé à tout événement. Si vous avez besoin de vous débarrasser d'un homme gênant, expédiez en même temps sa famille, pour n'avoir plus l'inquiétude d'une vengeance à venir ; expédiez-les tous le même jour ; quel que soit le nombre des victimes, cela ne compte que pour un coup... » Et il existait en Italie, à cette époque, bien d'autres professeurs que Machiavel,

non tous aussi bien disants sans doute, mais qui joi-
gnaient la pratique à la théorie : petits tyrans
ayant leurs sicaires à gages, cultivant la chimie
pour fabriquer des poisons ; d'ailleurs gens d'esprit, amis des arts et des lettres, les encourageant,
et tenant leurs petites cours avec une grâce et une
magnificence qui charmaient. Tels étaient les princes
et les seigneurs italiens auxquels nos Français
eurent affaire ; et comme nous pardonnons tout à
l'esprit, nous nous prîmes d'admiration pour ces
monstres aux formes séduisantes : témoin le bon
Chevalier sans peur et sans reproche, qui fit choix
pour dame de ses pensées d'une personne accomplie,
c'est à savoir, madame la duchesse de Ferrare,
Lucrèce Borgia ; il porta toujours ses couleurs, gris
et noir, et l'aima chevaleresquement et platonique-
ment. Tous les chevaliers français n'étaient pas
des héros naïfs comme Bayard, et beaucoup rap-
portèrent dans leur pays d'autres souvenirs qu'un
amour platonique. Il leur arriva ce qui arrive aujourd'hui aux sauvages limitrophes des Européens :
ils prirent des vices inconnus, croyant se civi-
liser.

Le contact avec les Italiens n'altéra pas moins
sensiblement la foi de nos pères, simple et irréflé-

chie dans sa sincérité. Des souverains pontifes tels qu'Alexandre VI et Jules II étaient pour elle des adversaires plus dangereux que Luther et Calvin. Le plus grand nombre échangea ses vieilles croyances pour des superstitions nouvelles ; mais à l'école des philosophes sceptiques de l'Italie se forma une petite secte de libres penseurs, qui, armés de la terrible raillerie gauloise, devait achever de porter le désordre dans les esprits.

Des rapports que la guerre établit entre deux peuples il résulte d'ordinaire un échange de vices plutôt qu'un échange de vertus ; chacun imite le mal plus facilement que le bien. Cependant, malgré les influences étrangères, le caractère national se conserve et reparaît toujours sous l'affublement d'emprunt dont il se déguise par caprice ou par accident. Nos politiques avaient beau étudier Machiavel et chercher à pratiquer les leçons qu'il donne dans le *Prince*, le fruit d'une semaine de dissimulation était perdu par un instant d'étourderie. Patience et prudence, passion, haine et ruse, ces vertus et ces vices italiens n'étaient pas à notre usage. Un franc Picard, un Parisien, après avoir repassé les Apennins et les Alpes, rapportait de l'*acqua tofana* et des stylets de verre. Même, blessé par un quoli-

bet de son voisin, il se figurait qu'il avait un ennemi, tirait de sa malle ses dangereux instruments
de mort; mais avant tout il éclatait en menaces,
prévenait le quartier, et cependant les deux ennemis oubliaient, le soir, de tourner les coins de rue
al largo, comme le recommande Benvenuto Cellini ;
ils se rencontraient en plein jour, se battaient à la
chaude, ou allaient trinquer ensemble dans un cabaret voisin.

Grand voyageur et admirateur décidé des cours
étrangères, Branthôme, après avoir fait tout ce
qu'il put pour s'inoculer des vices élégants, n'en
est pas moins resté un Français de la vieille roche,
avec tous les défauts de son pays et de sa province,
bonhomme au fond, quoique un peu insouciant du
mal comme du bien. Pour nous, qui cherchons dans
ses ouvrages une peinture fidèle des mœurs du XVIe
siècle, cette indifférence a son prix : elle nous garantit l'exactitude de ses portraits.

Nous devons dire quelques mots du style de
Branthôme, ou plutôt de sa langue. En écrivant à
la cavalière, comme il dit, il ne visait pas à l'éloquence, et peut-être avait-il la prétention, assez
fréquente chez nous, de faire des livres sans être
homme de lettres. Sa langue, à notre avis, est le

parler courtisanesque de son temps ; mais la cour, étant alors presque nomade, et fréquentée par un grand nombre d'étrangers, avait un vocabulaire beaucoup plus riche et moins pur qu'il ne le fut depuis. En parlant tout à l'heure des influences de l'Italie, nous aurions dû citer celle qu'elle exerça sur la langue française. Tout idiome encore rude et inculte emprunte avidement des mots à un langage plus poli et travaillé. Le xvie siècle fut pour le français une époque de révolution. Tandis que les érudits y introduisaient une foule de latinismes, voire d'hellénismes de formes inconnues au génie gaulois, les gens de guerre rapportaient d'au delà des Alpes force mots nouveaux, estropiés pour la plupart, qui formèrent une espèce de jargon adopté aussitôt par le monde élégant. Il fallut, pour arrêter cette double invasion de la pédanterie et de la barbarie, le bon sens et la verve ironique d'écrivains tels que Rabelais et Henri Estienne, nourris de fortes études classiques, mais vivant parmi le peuple, excellent conservateur du langage.

A son français italianisé, Branthôme mêle encore quelques bribes d'espagnol, et surtout une grande quantité de mots gascons et périgourdins : car ni ses voyages, ni sa résidence à la cour, ne lui firent jamais perdre ses habitudes d'enfance. Son gascon n'est pas ce qu'il nous a laissé de plus facile à in terpréter, et nous ne sommes pas assuré qu'il est toujours bien traduit.

1858.

XII

CHARLES LENORMANT

Les journaux ont annoncé, le mois passé, la mort
de M. Charles Lenormant, membre de l'Académie
des inscriptions et belles-lettres et professeur au
Collége de France. Il succombait à Athènes, atteint
d'une fièvre pernicieuse, au moment où il se dis-
posait à quitter la Grèce pour revenir à Paris. Comme
Ottfried Müller, il est mort victime de son amour
pour la science ; les émanations pestilentielles des
marais d'Epidaure lui ont été aussi fatales que le
soleil de la Phocide l'avait été pour le savant allemand.

M. Lenormant était né à Paris en 1802. Il eut le
bonheur, rare alors, de recevoir une excellente

éducation classique, et, qui plus est, d'être admis
fort jeune encore dans la société d'écrivains et d'artistes illustres. Une mémoire excellente, la connaissance des principales langues de l'Europe, un amour
du travail que les séductions du monde ne troublè-
rent jamais, enfin un vif penchant vers tout ce qu'il
y a de noble et de grand le préparaient merveilleusement aux études sérieuses et difficiles. Le goût des
arts, inné chez lui, se développa et se forma de bonne
heure en présence des plus beaux monuments de
l'antiquité et dans la familiarité de maîtres illustres.
En 1828 il parcourut l'Égypte, terre encore presque inconnue à la science, avec Champollion pour
guide. Il assista, pour ainsi dire, à ses découvertes,
il en reçut la première confidence, et en pressentit
l'immense portée. Esprit à la fois curieux et délicat,
il étudiait l'antiquité dans ses monuments écrits en
même temps que dans ses œuvres d'art, croyant que
séparer ces deux études, c'est laisser l'une et l'autre
incomplètes. En peu de temps la plupart des musées
de l'Europe lui devinrent aussi familiers que les
galeries du Louvre. Il posséda ainsi de bonne heure,
grâce à ses nombreux voyages, une sûreté de coup
d'œil et un tact qui ne s'acquièrent, le plus souvent, que par une longue expérience.

Ses premiers écrits furent des impressions de
.voyage et des observations sur les monuments qu'il
avait visités. Quelque préférence que son goût épuré
accordât aux anciens, il savait découvrir le bien
partout où il se trouve, et il aimait à le faire ressortir. Indulgent pour les modernes, car mieux que
personne il comprenait les difficultés contre lesquelles ils luttent, sa critique tendait à les encourager en relevant leurs qualités, plutôt qu'en signa-
lant leurs défauts. Les artistes ont conservé le souvenir de son dévouement à leurs intérêts, lorsqu'en
1830 il dirigea pour quelque temps l'administration
des beaux-arts au ministère de l'Intérieur. Peu
après il rendit compte des expositions de 1831 et
1832 dans une suite d'articles recueillis depuis en
deux volumes, sous le titre d'*Artistes contemporains*;
il donnait à notre école des conseils bienveillants,
et, en appréciant quelques-unes de ses productions,
il portait des jugements que le temps a confirmés.

C'est, je crois, le goût des beaux-arts qui conduisit M. Lenormant à se livrer plus particulièrement aux études archéologiques, destinées à lui assurer une réputation moins populaire peut-être,
mais plus durable que la critique littéraire. Pour
bien connaître cet art grec qui lui semblait le type

du grand et du beau, il voulut remonter à ses origines, le suivre dans les différentes phases de ses progrès et de sa décadence, l'observer enfin dans ses applications infinies. Dans une pierre gravée de même que dans un colosse de marbre, dans un ustensile vulgaire aussi bien que dans un vase peint et ciselé, il retrouvait l'empreinte du génie grec, souvent non moins marquée dans l'objet de l'usage le plus commun que dans l'œuvre d'un grand maître. Mais à côté de cette beauté de forme, de ce goût naturel, appréciables pour tout esprit cultivé, se rencontrent quelquefois bien des mystères, pour nous que tant de siècles séparent de la société antique, de ses habitudes, de ses croyances. Ces attributs, ces symboles si fréquents chez les anciens, et qui ne nous frappent guère parce que nous les avions copiés sans chercher à les comprendre, ont eu leur sens autrefois, et c'est à l'érudition de les interpréter.

M. Lenormant se trouvait admirablement préparé pour les recherches de l'archéologie. En s'y appliquant avec ardeur, il se fit une méthode de travail pour assurer sa marche et se préserver des erreurs toujours faciles dans un sujet plein d'obscurités. La méthode d'analyse qui a fait faire tant de progrès aux sciences naturelles lui parut non moins féconde en résultats, appliquée aux études archéologiques. De sa part, plus que de celle d'aucun autre peut-être, ce mode d'investigations patientes a droit d'être noté, car l'imagination ne faisait point défaut à M. Lenormant. Elle aurait pu l'entraîner bien loin si elle ne se fût trouvée associée en lui à un esprit juste et à une bonne foi admirable. L'imagination peut perdre un archéologue si l'orgueil et l'entêtement lui persuadent de s'abandonner à une espèce de divination qu'il prend pour la science infuse. Elle est, au contraire, une qualité utile et précieuse lorsque, fortifiée par une méthode éprouvée, elle abrége et résume les conclusions de l'expérience. Par un de ces instincts qui ne sont, à vrai dire, que des raisonnements rapides, M. Lenormant entrevit souvent le but avant d'avoir écarté les obstacles qui l'en séparaient; mais il ne crut jamais l'avoir atteint avant d'avoir complétement parcouru et déblayé la route qui doit y conduire.

Les religions des peuples de l'antiquité furent pour lui l'objet d'une étude assidue. En effet, elles ont laissé dans tous leurs ouvrages des traces impossibles à méconnaître. Leurs temples, leurs tombeaux, leurs médailles, la plupart des motifs d'ornementation dont ils furent si prodigues, présentent des symboles religieux et se rattachent à de mystérieuses croyances.

Pour les esprits superficiels, la religion des anciens n'est qu'une image de leurs gouvernements. L'Olympe est un sénat délibérant des affaires divines et humaines sous la présidence de Jupiter. Chaque dieu est un magistrat ayant son ressort et son gouvernement. Tel est en effet, à peu près, le résumé des notions que les gens du monde ont puisées dans la lecture des poëtes. Mais à côté de cette religion officielle et arrangée selon un certain esprit d'ordre politique, on s'aperçoit bientôt qu'il en a existé beaucoup d'autres, que chaque peuple, chaque cité, que dis-je, presque chaque famille, ont eu leur culte particulier et leurs légendes divines. Ces légendes ou ces *mythes* renferment presque toutes les notions que peuvent posséder des sociétés primitives. L'histoire et la fiction s'y mêlent si intimement que le point de transition entre l'une et l'autre est impossible à fixer. Souvenirs des grands cataclysmes, astronomie, géographie, métaphysique, tous les mystérieux sujets des premières méditations humaines s'y trouvent confondus dans des récits bril-

lants de coloris, auxquels vraisemblablement chaque génération a joint quelque trait de sa façon.
Le génie grec transforme tout ce qu'il touche, et le
marque d'un cachet si original qu'on hésite à le
soupçonner d'avoir emprunté à ses voisins. Pourtant cette civilisation hellénique si puissante, si
expansive, qui a réagi d'une manière si énergique
sur nos sociétés modernes, ne s'est pas développée
spontanément sur le sol de la Grèce, et les Grecs
eux-mêmes nous racontent qu'ils ont eu des maîtres,
héros ou demi-dieux, venus de l'Orient, possesseurs
de connaissances surnaturelles qu'ils ont semées
sur le sol le plus digne de les faire fructifier. Ainsi
ce n'est pas seulement à la Grèce qu'il faut demander l'explication de ses mystères, c'est l'Égypte,
c'est l'Asie qu'il faut interroger. Le champ des recherches s'agrandit à mesure qu'on y pénètre.

Des études si nombreuses et si variées semblent
dépasser les forces d'un seul homme, et l'on serait
tenté d'appliquer dans le domaine de la science
archéologique le principe de la division du travail,
aussi bien que dans le domaine des arts industriels.
Mais tout s'enchaîne tellement dans ces études,
qu'en poursuivant un des nombreux filons d'une
mine si riche, il est impossible de ne pas le trouver

traversé par d'autres filons qu'on ne saurait négliger. Que si, de parti pris, on prétendait ne s'attacher qu'à une seule des branches de la science, on risquerait de se perdre dans des détails sans importance et de méconnaître la grandeur de l'ensemble. Sans doute nulle recherche, pour minutieuse qu'elle soit, n'est inutile, du moment qu'elle fait découvrir une vérité ; mais y consacrer exclusivement son labeur, c'est choisir la tâche du manœuvre portant sa pierre à l'édifice dont il ignore le plan.

M. Lenormant, dans sa trop courte carrière, a traité les sujets les plus variés et les plus difficiles. Les études mythologiques lui doivent une partie de leurs progrès. Dans son grand ouvrage intitulé *Élite des monuments céramographiques*, qu'il a publié avec la collaboration de M. J. de Witte, il a résolu les problèmes les plus intéressants que présentent les peintures des vases grecs et étrusques. L'immense majorité des sujets qui décorent ces vases étant empruntée à des légendes mythologiques, M. Lenormant a dû entrer dans de grands détails sur les religions de l'antiquité, sur leurs relations entre elles, sur les symboles multipliés dans les monuments qui s'y rapportent. C'est presque un travail complet sur cette grande et obscure question.

Il y revient dans plusieurs mémoires lus à l'Académie ou publiés dans les journaux scientifiques. Je n'en citerai qu'un seul, son *Étude sur le culte de Cybèle*, parce qu'elle est comme le résumé de tout un système d'interprétation, résumé trop concis peut-être pour qui n'a pas présente à la mémoire la masse de faits sur lesquels l'auteur a fondé sa théorie. Il se proposait de développer cette dissertation, et de lui donner en quelque sorte une forme démonstrative, dans un ouvrage plus étendu, dont la base est un commentaire nouveau de deux dialogues de Platon, le *Cratyle* et l'*Eutyphron*. S'il m'est permis d'exprimer une opinion sur un travail dont je ne connais que quelques fragments, l'auteur, dans des aperçus tout nouveaux, propose le système le plus ingénieux et le mieux déduit, pour l'interprétation de la symbolique grecque. Ce travail, me disait M. Lenormant peu de jours avant de partir pour la Grèce, était achevé, et il devait le publier à son retour.

Il faudrait posséder la variété infinie de connaissances qu'avait M. Lenormant pour le suivre dans ses travaux aussi nombreux que divers. Outre le *Trésor de numismatique et de glyptique*, œuvre gigantesque où il a traité de toutes les séries numismatiques, il a publié plus de trente mémoires sur les monnaies antiques et du moyen âge. Quelques-uns de ces mémoires sont fort étendus ; il aborde les questions les plus difficiles, et s'il ne les a pas toutes résolues, il n'en est pas une qui n'ait reçu des éclaircissements aussi considérables qu'on pouvait les attendre de sa sagacité et de son expérience. Plusieurs fois il s'est exercé sur des sujets entièrement neufs, et pour n'en citer qu'un exemple, ses *Lettres à M. de Saulcy sur la numismatique mérovingienne* constituent à elles seules toute l'histoire des monnaies émises pendant la première époque de la monarchie française. L'épigraphie a été également pour M. Lenormant l'objet d'études intéressantes. Bien qu'il ne se soit occupé de philologie que par occasion, cependant il a fait preuve de tact et de bonne critique en cherchant dans cette science les renseignements qu'elle peut fournir à l'archéologie et à l'histoire. Toujours empressé de rendre hommage aux découvertes de ses contemporains, il suivait les progrès avec attention et ne négligeait point d'activer les conséquences qui pouvaient servir à ses propres travaux. C'est ainsi qu'il a fait sortir du chaos de l'exégèse allemande quelques rayons de lumière pour l'histoire de l'Asie occidentale.

Cette histoire, qui doit servir d'introduction à celle de la Grèce, était le programme d'un cours qu'il professa en 1835 et 1836 à la Faculté des lettres, comme suppléant de M. Guizot. La première partie de ses leçons, où il s'applique à distinguer les différentes races du monde ancien, a été publiée en un volume qui se distingue par la clarté et la méthode, si nécessaires dans une question semblable. Tous les témoignages qui peuvent y jeter quelque jour s'y trouvent rassemblés, discutés, coordonnés par une ingénieuse critique. M. Lenormant s'attachait moins à captiver son auditoire par la séduction de la parole qu'à le convaincre par la solidité de ses arguments. Il croyait que la vraie manière d'étudier l'histoire, c'était de perfectionner les méthodes critiques, et il s'efforçait d'accoutumer un auditoire un peu paresseux à raisonner juste et à ne pas se payer de mots. Un cours d'histoire moderne qu'il professa quelques années plus tard fut interrompu par une espèce d'émeute. Le professeur, sincèrement religieux et catholique fervent, s'appliquait à faire ressortir les progrès que la civilisation doit à l'Église. Il parlait des premiers siècles du moyen âge où cette influence n'est guère contestable ;

16.

cependant la jeunesse studieuse, qui n'aime pas à perdre ses préjugés, encore moins à les discuter, siffla son maître et crut avoir décidé la question.

Un autre cours, où parmi ses auditeurs il ne devait compter que des hommes avides de s'instruire, et où les allusions politiques et religieuses ne pouvaient guère avoir accès, l'attendait au Collége de France. Il appartenait au premier des disciples de Champollion de continuer l'enseignement qu'il avait fondé. Pendant plusieurs années, un savant illustre, qui avait accepté cette chaire immédiatement après Champollion, avait abandonné l'Égypte des Pharaons pour ne s'occuper que de l'époque des Ptolémées. M. Lenormant ramena le cours au programme de sa fondation, et c'est à lui qu'on doit d'avoir rendu à la première de nos écoles l'enseignement d'une science créée, pour ainsi dire, dans notre pays.

Il a rempli plusieurs fonctions publiques, et dans toutes il a signalé son passage par des améliorations que lui suggéraient son esprit juste et méthodique et son dévouement à l'étude. Au cabinet des médailles, il a dirigé les acquisitions de manière à combler les lacunes qu'une espèce de partialité scientifique de la part de ses prédécesseurs avait laissées dans cette riche collection. Avant d'en être le conservateur, il avait été conservateur des imprimés à la Bibliothèque impériale. Il eut l'heureuse idée de réunir dans une sorte d'exposition les incunables et les plus magnifiques reliures que possède cet établissement, et de les ranger par ordre de dates et de pays. C'était comme un enseignement et un défi présenté à l'industrie moderne ; les progrès de la reliure ont prouvé que cette pensée avait porté ses fruits.

M. Lenormant a fait partie de la Commission des monuments historiques dès sa fondation, et il en était le président depuis le commencement de l'année 1852. L'admiration qu'il avait pour l'architecture grecque ne l'empêchait pas de sentir tout le mérite de notre architecture nationale. Dans plusieurs de ses écrits il avait montré combien elle était appropriée à nos mœurs et à notre climat. Conserver ces vieux souvenirs du passé, c'est la pensée de tous les gens instruits ; mais ceux-là seulement qui savent combien faibles sont les ressources mises à la disposition du Gouvernement pour cette bonne œuvre, peuvent se faire une idée des difficultés qu'éprouve une commission d'artistes et d'archéologues obligée de faire un choix entre tant de besoins et de mérites différents, pour désigner les édifices qui doivent être restaurés de préférence. M. Lenormant avait toujours tenu qu'il fallait, avant tout, conserver les monuments qui sont comme les types d'un style et d'une époque, espèces de jalons qui marquent la route et les progrès de l'art. Un principe si sage ne pouvait être méconnu par une administration éclairée, et, depuis longtemps, c'est celui qui dirige ses décisions.

Trois fois M. Lenormant a visité la Grèce. La première fois ce fut au moment où finissait la lutte de l'indépendance. Tous les villages saccagés par les Turcs n'étaient plus que des amas de ruines, mais de ruines presque aussi glorieuses que celles des vieux monuments. Passionné comme tous les cœurs généreux pour la cause de l'indépendance hellénique, M. Lenormant croyait revoir les vainqueurs de Salamine triomphants au milieu de leur pays dévasté, mais libre des barbares. Il retourna en Grèce en 1841, et je l'accompagnai dans ce voyage. Voir la Grèce avec lui c'était en quelque sorte avoir pour guide un Pausanias revenu au monde. Nos journées se passaient en admirations continuelles. Ni les mauvais gîtes, ni les chemins détestables ne peuvent ôter à la Grèce cette poésie qu'elle semble respirer de toutes parts ; personne n'a touché sans

émotion cette terre sacrée où tant de grands souvenirs s'accumulent dans de si étroits espaces. A chaque
instant on a conscience qu'on foule la trace d'un
héros. La tribune aux harangues, taillée dans le roc
vif, n'a que quelques pieds carrés : c'est là que
parlait Démosthènes. La *route fourchue*, où OEdipe
rencontra Laïus, laisse à peine passer deux chevaux
de front ; la colline ou plutôt le rocher où les derniers des trois cents Spartiates moururent sur le cadavre de Léonidas, n'a pas changé d'aspect depuis
qu'Hérodote l'a décrit. Quel historien que cet Hérodote pour l'exactitude de ses tableaux ! En parcourant les Thermopyles, nous faisions craquer sous
nos pieds les feuilles tombées des chênes verts :
c'est à ce bruit, dit-il, que les Grecs reconnurent
l'approche des Immortels de Xercès qui tournèrent
le défilé. Ce défilé faillit être fatal à M. Lenormant.
Il fit une chute de cheval et se démit l'épaule. Je n'ai
jamais vu malade plus résigné, plus calme ; une
seule chose le préoccupait, l'impossibilité de courir
les montagnes.

Il aimait la Grèce et les Grecs. Lorsque nos
agoyates nous volaient, il nous rappelait que les
muletiers de tous les pays se ressemblent, et que
nos Grecs risquaient de se casser le cou vingt fois

pour aller nous cueillir une fleur sur le penchant d'un précipice. Il se plaisait à nous faire remarquer les bonnes qualités des habitants autant qu'à nous signaler les beautés de la nature ou les vestiges de l'art. Il était surtout frappé de l'éloquence particulière aux Grecs, de leur passion pour acquérir des connaissances, et il nous citait le vieux et brave Canaris allant à l'école après avoir brûlé la flotte turque. Il est rare qu'on ne soit pas aimé de ceux qu'on aime, et M. Lenormant s'était fait des amis de tous ceux qu'il avait entretenus.

L'automne dernier, il s'embarquait pour la Grèce avec plus de plaisir que jamais. Cette fois il y conduisait son fils, formé par lui aux fortes études et qui apportait sur cette terre classique le savoir d'un homme mûr et les émotions d'un jeune homme de vingt-trois ans. Quelques semaines se passèrent heureusement. Le père et le fils, fêtés partout, se plaignaient seulement que les jours étaient trop courts. Mais le terme des vacances approchait; M. Lenormant devait reprendre son service au cabinet des médailles au commencement de décembre, et il fut résolu qu'on partirait par un des derniers paquebots de novembre. M. Lenormant et son fils assistèrent à un dîner d'adieu qui leur fut donné par tout ce qu'Athènes renferme de gens distingués. On leur fit promettre de revenir. Cependant quelques jours restaient à employer. S. M. le roi Othon avait mis à leur disposition un petit cutter destiné à des excursions de plaisir. M. Lenormant, qui ne voulait jamais perdre un jour qu'il pouvait consacrer à l'étude, voulut visiter quelques points du Péloponèse. Le temps, qui était magnifique à leur sortie du Pirée, changea brusquement dès leur arrivée à Poros. A un soleil brûlant succéda une pluie glacée. M. Lenormant fut mouillé en traversant la route de Poros, sans manteau, dans la yole du cutter. Il n'en continua pas moins ses excursions. Le 11 novembre il traversait les marais d'Epidaure ayant de l'eau jusqu'aux genoux, mais il ne pensait ni à se changer ni à se chauffer; il avait à visiter l'Acropole d'Epidaure, des inscriptions à relever et des notes à prendre. Le lendemain en se levant, un frisson le saisit, et il se sentit comme terrassé. La terrible fièvre des marais l'avait frappé.

Epidaure, si célèbre autrefois par son école de médecine, est aujourd'hui un petit village sans ressources, sans médecin, sans auberge. Un vieil Hydriote, patron du cutter royal, déclara à M. Lenormant que rester à Epidaure au milieu des exhalai-

sons pestilentielles des marécages, c'était se vouer
à une mort certaine ; que le mauvais temps rendrait
leur retour à Athènes par mer impossible, et qu'il
fallait absolument gagner Corinthe par terre, au
plus vite. Le conseil était trop sérieux pour être
négligé. On se procura des chevaux non sans
peine, et l'on se mit en route par une journée
froide et pluvieuse. M. Lenormant, qui pouvait à
peine se tenir sur sa selle, voulut s'arrêter à Piadha
pour montrer à son fils le lieu où s'était tenu en
1821 la première assemblée des Grecs émancipés.
Arrivé à Sophico, après une longue marche, il fut
saisi d'un sommeil de plomb dont il ne se réveilla
qu'au bout de dix-huit heures, encore plus faible
qu'auparavant. Soutenu cependant par son énergie
morale, il continua sa route et arriva le 15 novembre à Kalamaki ; c'est le port de Corinthe sur le
golfe Salonique. Un tremblement de terre a détruit
toutes les maisons, et le pauvre malade ne put
trouver asile que dans un cabaret, où on le coucha
sur la capote d'un douanier. On va de Corinthe au
Pirée en trois heures par un temps ordinaire.
Mais entre Egine et Eleusis, presque en vue de
l'Acropole d'Athènes, une bourrasque assaillit leur
barque, la remplit d'eau, et ce fut à grand'peine

qu'ils parvinrent à gagner la terre, non loin de
Mégare. M. François Lenormant, tourmenté lui-
même par la fièvre, dut laisser son père aux soins
des matelots, pour se traîner à pied jusqu'à Mégare
et y demander du secours. Il revint bientôt avec
une charrette et conduisit son père à la ville, où ils
trouvèrent non des secours, mais du moins un toit
hospitalier. Le 17, M. Lenormant, soutenu par deux
hommes, se faisait conduire devant les ruines antiques. Il disait à ses guides, épouvantés de sa faiblesse : « Il faut bien que je fasse mon métier. »
En Grèce comme en Italie, on fuit avec une terreur
superstitieuse le contact des mourants. Le courrier
de la poste qui partait pour Athènes ne voulait pas
recevoir M. Lenormant dans sa voiture; il fallut que
le démarque de Mégare chargeât deux gendarmes
de le surveiller jusqu'à son arrivée à Athènes.
C'était bien en effet un mourant qu'il conduisait.
Ni les secours de la médecine, ni les soins empressés
de ses amis ne pouvaient rappeler M. Lenormant
à la vie. Depuis quelques jours il sentait qu'elle
allait lui échapper et il se préparait à la mort avec
sang-froid. Il accomplit ses devoirs religieux, dicta
son testament avec le plus grand calme, et le 22
novembre il expirait en serrant les mains de son fils.

Le deuil fut universel à Athènes. La municipalité a décrété qu'un tombeau serait élevé à M. Lenormant à côté de celui d'Ottfried Müller. Elle demanda que son cœur restât dans cette Grèce qu'il avait tant aimée. Une députation accompagna jusqu'à Paris sa dépouille mortelle, et au bord de sa sépulture de famille, après que ses confrères de l'Institut lui eurent adressé leurs derniers adieux, un Grec, au nom de ses compatriotes, dit leurs regrets dans la belle langue de son pays.

La vie de M. Lenormant n'a pas été longue, mais heureuse et bien remplie. Tous les bonheurs que les affections de famille, l'étude et le sentiment de devoirs consciencieusement accomplis peuvent assurer à une âme élevée, il les a connus et il en a été comblé. Il laisse pour héritage à son fils un noble exemple et des travaux commencés qui s'achèveront. Une pareille carrière est assurément digne d'envie, mais il est affreux de penser qu'un peu moins d'ardeur, un jour de repos, auraient pu conserver à ses amis et à la science un homme encore si plein d'avenir.

Décembre 1859.

XIII

EDWARD ELLICE

M. Edward Ellice, membre du Parlement, est
mort le mois passé dans le nord de l'Écosse, à l'âge
de quatre-vingts ans. Il était l'un des plus parfaits
modèles du *gentleman* de la vieille roche, type qui
malheureusement disparaît tous les jours. Tous
nos hommes politiques l'ont connu et pratiqué, et
il avait presque autant d'amis en France qu'en
Angleterre. Whig pur-sang et sagement libéral, il
disait avec vérité et non sans un certain orgueil
qu'il était citoyen du monde. En effet, personne ne
fut plus exempt de préjugés et de passions, plus
prompt à reconnaître et à louer le bien partout où

il le rencontrait. Il entra à la Chambre des communes en 1826, et depuis cette époque il n'a pas cessé de représenter la ville de Coventry, où d'abord il avait été élu. En 1830, lorsque lord Grey, à la famille duquel il était allié, devint premier ministre, M. Ellice fut nommé secrétaire adjoint de la trésorerie, et pendant la lutte passionnée qui eut lieu à l'occasion de la réforme parlementaire, il exerça dans la chambre les fonctions de *whipper-in.* Ce terme est emprunté au vocabulaire de la chasse : il désigne le veneur chargé de ramener les chiens sur la piste. Par métaphore, on donne le même nom au confident du chef du cabinet (ou du chef de l'opposition) qui veille à l'union intime des membres du parti. Relever le courage des timides, retenir les emportés, apaiser les mécontents, négocier avec les neutres et en faire des alliés, telle est la tâche du *whipper-in.*

Dans ces temps difficiles où la chambre comptait un grand nombre de membres nouveaux et peu disciplinés, cette tâche ne pouvait échoir à un homme mieux qualifié pour la bien remplir. La loyauté connue de M. Ellice, sa finesse, son tact, sa profonde connaissance des hommes, surtout son remarquable *entreyent*, contribuèrent puissamment

au succès du bill de réforme. Il excellait à ménager
les amours-propres, à calmer les susceptibilités, à
rallier dans un effort commun toutes les fractions du
parti libéral. Après la victoire, il résigna ses fonctions à la trésorerie, et sur les instances de ses amis
politiques accepta la place de secrétaire d'État du
département de la guerre, qu'il occupa jusqu'en
1834 en y laissant les plus honorables souvenirs.
Depuis lors, il refusa toujours une place dans le
cabinet ou dans la chambre des lords. Dans la
chambre des communes, où il continua à siéger,
son expérience de la tactique parlementaire lui
donnait une influence considérable et une autorité
reconnue parmi les membres de son parti. Il parlait rarement, mais il était toujours écouté avec
faveur, car, lorsqu'il prenait la parole, c'était
d'ordinaire pour proposer quelque moyen pratique
de dénouer une question difficile. M. Ellice avait
été lié d'amitié avec les hommes les plus illustres
de son temps, entre autres avec lord Byron. Ils
avaient été ensemble directeurs du théâtre de Drury-
Lane. Ce ne fut pas la plus sage action de la vie
de M. Ellice, mais il s'était fort amusé en essayant
de faire fleurir l'art dramatique. Il y avait perdu
beaucoup d'argent, dont il se souciait peu, et avait

appris quantité d'anecdotes qu'il racontait de la manière la plus agréable. Dans la société anglaise, où tout le monde a un sobriquet, on l'appelait le *Bear*, l'ours. Je n'ai jamais su l'origine de ce surnom, qu'il ne répudiait nullement, mais qui contrastait fort avec son caractère enjoué et ses manières gracieuses et polies. Il aimait le monde et y était recherché. Peu d'hommes ont eu au même degré le don de plaire au premier abord; à quelque personne qu'il s'adressât, à un pair d'Angleterre ou à un paysan, c'était avec un air de cordialité et de bonne humeur auquel il était difficile de résister. Il était particulièrement bien venu auprès des femmes; il savait leur parler et les écouter. Les mal mariées, les demoiselles avec des inclinations contrariées savaient qu'elles trouveraient en lui un conseiller indulgent, sensé et d'une discrétion à toute épreuve. Il aimait la jeunesse, excusait les folies des étourdis; mais il était sévère pour les Catons en herbe et les raillait impitoyablement. On ne pouvait l'accuser d'être *laudator temporis acti*; cependant il blâmait la mode du cigare et regrettait le temps des causeries d'hommes à table après le dessert et le départ des dames. C'était là, disait-il, qu'il avait appris tout ce qu'il savait. M. Ellice

savait beaucoup, car toujours il avait dîné en
bonne compagnie.

Tous les ans il passait quelques semaines en
France et s'informait curieusement de toutes les
nouveautés. Il allait l'été au fond de l'Écosse s'é-
tablir dans une coquette petite maison au bord
d'un beau lac, entourée de hautes montagnes, sur
lesquelles, au moyen d'une lunette, on voit errer
des troupeaux de cerfs sauvages. Là il réunissait
les hommes les plus distingués dans la politique,
les sciences et les arts. Beaucoup d'étrangers y
étaient invités. Les femmes à la mode, les beaux
esprits de Londres, tenaient à honneur de passer
quelques jours dans le *cottage* de Glenquóich. On
était prévenu qu'on allait au désert et qu'on y
serait logé à l'étroit, comme à bord d'un vaisseau.
C'était bien le désert en effet, mais le désert le plus
pittoresque, et pourvu de toutes les recherches d'un
luxe de bon goût et d'un cuisinier français. Ce qui
valait encore mieux, c'est l'accueil charmant qu'on
y trouvait, c'est un savoir-vivre parfait qui, laissant à chacun liberté entière, établissait en peu de
temps une douce intimité entre tous les hôtes de
Glenquoich. M. Ellice faisait le plus noble usage
de sa fortune. Il était toujours prêt à venir en aide

à un ancien ami tombé dans le malheur, à encourager le mérite encore obscur, à soulager les infortunes imméritées. On ne saura jamais tous les bienfaits qu'il a répandus avec la plus noble délicatesse. Honoré, aimé de tous, il était parvenu à l'âge de quatre-vingts ans sans aucune infirmité, sauf quelques attaques de goutte. Il disait souvent qu'il avait été toujours heureux. Il n'ajoutait pas qu'il avait toujours mérité de l'être. On peut appliquer à M. Ellice ce que M. Mignet a dit de Franklin : « Sa vie constamment heureuse est la plus belle justification de la Providence. »

Octobre 1863.

XIV

ALEXANDRE POUCHKINE

I

Pouchkine et lord Byron sont morts l'un et l'autre dans la force de l'âge et la plénitude de leur talent, après avoir épuisé toutes les jouissances que peut donner la gloire des lettres. L'un et l'autre ont exercé une influence dominatrice sur la littérature de leur pays. Bien que leurs imitateurs leur aient quelque peu nui, la postérité, qui a commencé pour eux, a confirmé le jugement de leurs contemporains ; leur renommée est maintenant solidement établie, et nul critique ne s'aviserait d'effacer leurs noms de la liste des grands poëtes. Il y a dans leurs ouvrages une certaine res-

17.

semblance qui se retrouve également dans leurs caractères. Pleins d'une misanthropie dédaigneuse, de dégoût pour les conventions de la société, ils sont tous les deux un peu enclins à l'exagération ; ils recherchent l'étrange, ils prennent pour beau ce qui est excessif ou terrible. Leur gaieté est bruyante, un peu forcée, presque farouche, comme celle d'un prophète de malheurs qui voit ses prédictions s'accomplir.

On sait leurs griefs contre la société où ils étaient nés. Lord Byron détestait le *cant*, ou l'hypocrisie des salons, et la prenait au tragique. Pouchkine rêvait, dit-on, une liberté à laquelle son pays n'était pas encore préparé. Or, ces salons qui appelaient Byron un être immoral et satanique ont caressé toutes ses vanités par leurs fureurs comme par leurs admirations ; Pouchkine, ennemi du despotisme, trouva dans l'empereur Nicolas un censeur de ses poésies aussi bienveillant que Mécène eût pu l'être pour Horace [1]. Craints et gâtés par

---

1. Il s'était plaint de la censure, et l'empereur se chargea de lire et d'autoriser ses ouvrages. Un de mes amis possède le manuscrit du drame de *Boris Godounof*, annoté au crayon par l'empereur, qui s'est borné à quelques critiques littéraires, la plupart fort justes.

leurs contemporains, l'Anglais et le Russe, tour à tour méfiants et téméraires, ont imposé leur génie et régné comme des despotes pleins de mépris pour leurs sujets.

On pourrait remarquer encore d'autres ressemblances dans leurs manières d'écrire et jusque dans leur langue poétique, si l'on peut ainsi parler. Tous les deux, par exemple, se distinguent par leur concision, et, comme Perse, se sont appliqués à renfermer dans leurs vers « plus de sens que de mots. » Cependant lord Byron, né dans un pays d'habitudes oratoires, où l'on parle à toute occasion, et où trop souvent on écrit comme on parle, n'a jamais daigné faire un choix entre les idées qui se présentaient en foule à son imagination. Bien qu'il les exprime toujours sous la forme la plus resserrée, il n'en écarte aucune, et souvent les jette pêle-mêle, à mesure qu'elles s'offrent à lui, en sorte que sa pensée, qui d'abord avait été rendue avec énergie, s'affaiblit en se reproduisant sous une forme moins frappante et avec un tour moins heureux. Trop peu confiant dans l'intelligence ou l'imagination de son lecteur, il veut tout lui expliquer ; il se commente lui-même, et le moindre risque qu'il court, c'est de nous rendre, pour

ainsi dire, témoins du travail de sa composition,
au lieu de nous en présenter le résultat. Au
contraire, Pouchkine n'est pas moins concis pour
le fond que pour la forme, et chacun de ses vers est
le fruit d'une réflexion approfondie. Comme l'ar-
cher Pandarus d'Homère, il cherche longtemps dans
son carquois une flèche droite et acérée, mais cette
flèche ne manquera pas le but. La simplicité et
quelquefois je ne sais quelle apparence de désordre
pourraient bien n'être chez lui que le calcul d'un
art raffiné. Byron perd une partie de sa force en la
prodiguant au hasard ; Pouchkine sait la réserver
pour des coups décisifs.

Pouchkine eut à lutter contre une difficulté qui
devint pour lui une ressource féconde. Il lui a
fallu créer en quelque sorte la langue dont il s'est
servi. Avant lui, on se demandait s'il était possible
d'écrire des poëmes en russe, et toute une école de
critiques autorisés soutenait, « par vives raisons, »
qu'on devait employer pour la poésie la langue
slavone, c'est-à-dire celle dans laquelle sont tra-
duits les livres saints, la langue de la liturgie et
de la chaire. Intelligible pour les *chrétiens ortho-
doxes*, c'est ainsi que les Russes désignent leur
communion, le slavon a sur l'idiome vulgaire l'a-

vantage d'un certain parfum de noblesse et de gravité, qui ne tient peut-être qu'à l'usage qu'on en fait.

D'ailleurs, quant à la question de date et d'origine, le russe n'est pas un dérivé du slavon, comme le romaïque, par exemple, est un dérivé du grec ancien ; ce sont deux dialectes issus d'une source commune, deux rameaux s'élevant de la même souche et qui ont pris en croissant chacun son développement particulier ; de même que le français et l'italien, provenant l'un et l'autre du latin, mais obéissant à des lois distinctes de transformation. Un général Chichkof, à qui on attribue les proclamations éloquentes qui, en 1812, appelèrent le peuple russe à la défense de son territoire, était le principal avocat de l'idiome slavon ; et, de fait, il en tira parti habilement dans un pays où le patriotisme se confond avec l'attachement à la religion. Quelque talent que le général Chichkof apportât à plaider la cause du slavon, le russe a triomphé, grâce à Pouchkine. On peut dire qu'il trancha la question comme le philosophe grec qui prouva le mouvement en marchant. Depuis Pouchkine, on ne fait plus de vers que dans la langue parlée.

Il n'y a guère de patois en Russie, et, sauf le dialecte petit-russien, en usage en Ukraine, toutes les anciennes provinces moscovites parlent le même idiome. Les paysans ne font pas de fautes contre la grammaire, et souvent s'expriment plus correctement que leurs seigneurs, à qui l'habitude de se servir du français dans la conversation a fait adopter des gallicismes et des tournures étrangères au génie de leur langue. Riche, sonore, accentuée, abondante en onomatopées, habile à exprimer les nuances les plus délicates et les plus subtiles, douée, comme le grec, d'un pouvoir de composition presque sans bornes, la langue russe semble faite pour la poésie. La rime, importation étrangère, et certainement inutile dans un idiome où chaque mot a un rhythme très-marqué, et chez un peuple qui chante en quelque sorte en parlant, la rime est toujours facile en russe, et grâce à l'accent prosodique avec lequel elle se combine, elle ne prend jamais une importance exagérée. Ajoutons que les inversions auxquelles elle peut obliger parfois n'apportent dans le vers ni étrangeté ni obscurité, la relation des mots les uns avec les autres n'étant pas marquée par leur ordre dans la phrase, mais par des désinences caractéristiques. Aussi toutes

les formes de vers sont possibles en russe et ont été
essayées. Joukofski a traduit le roman d'Ondine en
hexamètres antiques ; d'autres ont employé le vers
iambique ou notre alexandrin ; mais le vers qui
paraît le plus naturel au génie slave est l'iambique de huit syllabes. C'est dans ce mètre qu'ont
été composées la plupart des vieilles poésies populaires. Elles ne sont pas rimées. Aujourd'hui non-
seulement la rime est consacrée par l'usage, mais
on y a joint encore l'alternance régulière des rimes
masculines et féminines, telle qu'elle existe chez
nous. J'appelle *masculine* une rime qui porte un
accent sur la dernière syllabe ; *féminine*, lorsque
cet accent tombe sur la pénultième syllabe d'un
mot. Ainsi *jenà* est une rime masculine ; *doùcha*,
une rime féminine. Tel est le mètre dont Pouchkine
a fait le plus souvent usage et qu'il a rendu, pour
ainsi dire, classique.

Est-ce en réalité un très-grand avantage pour
un poëte de disposer d'une langue flexible, harmonieuse, accentuée ? Je n'ose avoir une opinion,
moi profane ; mais il me semble que le poëte sera trop
souvent tenté de sacrifier le fond à la forme. Il se
contentera de sons au lieu de pensées, et croira
avoir atteint le but de l'art lorsqu'il aura réjoui les

oreilles par une certaine mélodie appréciable par un petit nombre de connaisseurs. Il n'est pas rare que la perfection d'un instrument entraîne celui qui sait le manier à une recherche minutieuse et puérile. Plus d'un poëte prend pour des idées des images confuses, et à force de raffiner devient inintelligible. Pour moi, je crois que les qualités extraordinaires de la langue russe sont en partie la cause d'un défaut fréquent chez les auteurs qui en font usage avec le plus d'habileté. La facilité qu'ils ont d'exprimer avec une gracieuse précision les moindres détails, de noter des nuances presque imperceptibles, les a conduits à une grâce coquette et mignarde, qui n'est pas le but de l'art. Ils se perdent souvent dans les minuties. On montre à la Farnésine une tête colossale dessinée au crayon par Michel-Ange, qui, selon la tradition, aurait voulu donner une leçon à Raphaël, et lui apprendre qu'il fallait viser au grand. Personne n'a peint un tapis de Turquie aussi bien que Gérard Dow, mais il est resté un peintre de genre. J'insiste sur ce défaut national de la littérature russe, parce que, malgré les exemples et les tentations, Pouchkine n'y a jamais succombé. Sa sobriété, son tact à choisir les grands traits de tous les sujets qu'il traite,

à sacrifier les détails inutiles, serait un mérite considérable en tout pays, et ce mérite est surtout à
louer chez un Russe. Pouchkine a toujours pratiqué le précepte d'Horace :

Hoc amet, hoc spernat promissi carminis auctor.

Bien qu'il connût toutes les ressources, toute
l'étonnante richesse de sa langue, sa pensée se
produit toujours sous une forme si simple, qu'on
ne croirait pas possible de l'exprimer autrement. On
dit qu'à l'exemple de Molière, il consultait souvent
sa vieille nourrice, et qu'il s'appliquait à ne se
servir que de mots familiers à tous ses compatriotes,
gentilshommes ou paysans.

J'ai ouï dire que son premier essai littéraire fut
un petit poëme antireligieux et passablement dé-
colleté, nommé la *Gavriliade*. Gavril est en russe
le nom de l'Archange que nous appelons Gabriel.
Ce poëme n'a jamais été imprimé, que je sache ;
je n'en ai pas lu une ligne, mais d'après ce que
j'en ai entendu dire, ce serait une imitation de
la *Guerre des Dieux* de Parny. Des vers faciles et
bien tournés, des tableaux pleins de feu et d'une
témérité juvénile ne peuvent faire pardonner la
licence du sujet et de l'exécution. Il faut se rappe-

ler que Saint-Pétersbourg, qui tire ses modes de Paris, est toujours un peu arriéré, en sorte que le poëme impie de Pouchkine trouva des lecteurs à une époque où un pareil ouvrage eût paru en France du plus mauvais goût. Il plut aux adeptes de la philosophie sensuelle que la cour de Catherine II avait introduite dans le grand monde. Pourtant déjà on commençait à s'amender. Pour combattre la révolution, on avait demandé à la religion des armes nouvelles. Les vieilles aristocraties avaient compris qu'il fallait montrer un peu d'austérité, en paroles au moins, et elles commençaient à confondre dans le même anathème l'impiété et le jacobinisme. La *Gavriliade* valut à son auteur le renom de révolutionnaire, outre celui d'homme immoral, un peu moins dangereux en Russie que le premier. Pendant toute sa carrière, il subit la peine de cette première polissonnerie d'écolier. Condamné d'avance par les dévots et par ceux qui avaient intérêt à passer pour tels, il laisse voir dans ses ouvrages une irritation haineuse contre la société, dont le premier jugement à son égard n'avait pas été fort injuste, il faut en convenir.

Il obtint un succès plus légitime et dont il n'avait pas à rougir, en publiant vers 1820 le poëme de

Rouslan et Lioudmila. C'est encore une imitation,
mais plus habile et d'après un original d'une
autorité moins contestable. Il s'inspira de l'Arioste
et surtout de Voltaire, dont la langue et l'esprit
lui étaient plus familiers. Comme ses maîtres, il est
gai, gracieux, élégamment ironique. En faveur de
l'imitation, les Aristarques du temps lui mon-
trèrent quelque indulgence ; ils y virent une preuve
de modestie digne d'encouragement ; ils eussent été
impitoyables peut-être pour une œuvre originale.
A Rome autrefois, on n'aurait osé écrire en latin
qu'en s'abritant sous l'autorité d'un Grec. A Saint-
Pétersbourg, les lettrés exigeaient qu'on copiât un
type français ou allemand. Aujourd'hui ce qui
nous paraît le plus à remarquer dans *Rouslan et
Lioudmila,* c'est un essai d'emprunter aux croyances populaires de la Russie des ressorts moins usés
que ceux de la mythologie grecque, hors lesquels
en 1820 il n'y avait pas de salut. Alors cet essai
frisait la témérité, tant était grande l'intolérance
classique. Pouchkine cherchait à sortir des routes
battues. Vivant au milieu de l'aristocratie, il voulut pénétrer dans la vie intime du paysan. Pour
sortir de l'ornière classique, le jeune poëte risquait
de tomber dans une des fondrières du romantisme,

et probablement il lui eût fallu plus d'expérience qu'il n'en avait alors pour démêler dans des traditions bizarres et informes la poésie véritable qu'elles peuvent renfermer. Il y a souvent des perles enfouies dans le fumier des légendes populaires, mais rarement elles sont à la surface. Son intention était louable; il eut tort d'étudier très-superficiellement, et comme avec dédain, les vieux récits qu'il prétendait rajeunir. Il faut le dire, la mythologie païenne, dont les paysans slaves ont conservé la mémoire, est encore aujourd'hui beaucoup moins connue en Russie que la mythologie grecque, et les antiquaires, même les plus amoureux des fables nationales, se représentent plus distinctement Jupiter et Mercure que Tchernobog ou Péroun. L'Olympe slave chez les paysans se confond avec les loups-garous et les revenants. Les vieilles divinités du Nord sont des êtres fort mal définis, faute de poëtes qui les aient chantées, d'artistes qui les aient peintes. Elles éveillent encore quelques idées de terreur, mais elles n'ont pas une physionomie arrêtée.

A la vérité, l'obscurité même qui entoure ces conceptions monstrueuses pourrait devenir un élément poétique, si elles se produisaient avec l'art

dont Hoffmann et Gogole ont fait preuve dans leurs
contes fantastiques. Le plus sceptique a ses moments de croyance superstitieuse, et sous quelque
forme qu'il se présente, le merveilleux trouve toujours une fibre qui tressaille dans le cœur humain.
Toutefois la première condition pour exploiter notre
crédulité, c'est de croire. En lisant, le soir, dans
mon lit quelques histoires de revenant, je frissonne-
rai au craquement d'une boiserie, pourvu que l'auteur se montre aussi crédule, aussi peureux que moi.
Si d'abord il se donne pour un esprit fort, adieu la
terreur. Le tort de Pouchkine, en employant les
superstitions populaires de son pays pour les machines de son poëme, fut de les prendre du côté
ridicule, et de donner à tout son récit une tournure ironique. Telle fut la manière de Hamilton.
Ses contes de fées sont charmants sans doute, mais
j'aime mieux ceux de Perrault. Remarquez encore
que Hamilton s'égayait avec un fantastique usé par
la mode, et dont peut-être on ne pouvait plus faire
un meilleur usage. Pouchkine, au contraire, avait
découvert une mine inconnue, car alors le beau
monde de Saint-Pétersbourg n'entendait rien aux
antiquités slaves; mais, tout le premier, il en mé-
connut l'importance et n'y apporta que la curiosité

un peu méprisante d'un voyageur européen qui aborde dans une île de sauvages. Pour traiter le merveilleux au XIX⁰ siècle, l'Arioste n'est pas, à mon avis, le guide qu'il faut prendre. C'est à lui pourtant que s'attacha Pouchkine. Quelques années auparavant, un homme de beaucoup d'esprit, Beckford, avait commis la même erreur. C'était l'homme de son temps qui savait le mieux l'arabe et qui avait étudié le plus à fond toutes les traditions de l'Orient. Il a versé son immense savoir dans son roman de *Vathek* ; mais, au lieu de donner à son œuvre la forme grande et sérieuse dont elle était digne, il conte dans un style badin, pastiche très-habile de Hamilton, les plus sombres et les plus terribles légendes qu'ait inventées l'imagination orientale. Pouchkine, dans *Rousslan et Lioudmila*, est un épicurien incrédule qui ne sait pas garder son sérieux en débitant ses contes. Il ne nous montre ses géants qu'habillés en Croquemitaine, et dès qu'ils ne font plus peur, ils ont perdu presque tout leur mérite. Il conduit son héros par une nuit obscure au milieu de la steppe, devant un des ces tumulus antiques nommés *kourgânes* qu'a laissés dans les plaines de la Russie une nation inconnue. Tout à coup le cheval de Rousslan s'arrête, hérissant sacri-

nière. Je m'attends à une apparition, et déjà je commence à partager la terreur du coursier. Du som-
met du tumulus sort la tête d'un géant endormi.
Cela rappelle trop les pâtés de perdreaux montrant
la tête hors de la croûte. Pour le réveiller, Rousslan lui porte la pointe de sa lance dans les nari-
nes ; le géant éternue, la steppe tremble... mais
c'en est fait du merveilleux. Qui a peur d'un
géant qui éternue ? Cette fantasmagorie ne vaut
guère mieux que les tigres de carton que les Chinois plaçaient sur leurs forteresses pour empêcher
nos gens de donner l'assaut.

Plus tard Pouchkine trouva le style qui convient
aux récits merveilleux, et quelques-unes de ses
ballades sont des modèles en ce genre ; on s'aperçoit
qu'il a étudié et surpris les procédés des conteurs
populaires. A leur exemple, il devient crédule, il
se fait enfant ; mais il oblige son lecteur à se trans-
former avec lui. C'est dans les récits de cette nature que j'admire surtout sa sobriété et l'art qu'il
met à choisir les traits les plus frappants en négligeant maint détail qui nuirait à l'illusion. En
effet, un peu d'obscurité est toujours nécessaire
dans une histoire de revenants. Remarquons
encore qu'il y a dans toutes un trait qui frappe

et qu'on n'oublie plus : trouver le trait qu'il faut, c'est là le problème à résoudre. Dans un certain château du nord de l'Angleterre, les hôtes qui vont gagner leurs chambres après minuit n'entrent pas plutôt dans un certain corridor, qu'ils entendent les pas de quelqu'un qui les suit, marchant avec des *mules*. On se retourne. Personne. Ces *mules* ne sont pas là pour rien; l'inventeur de l'histoire a bien senti que des *bottes* ou des *souliers* ne feraient pas le même effet. Tout gros mensonge a besoin d'un détail bien circonstancié, moyennant quoi il passe. C'est pourquoi notre maître Rabelais a laissé ce beau précepte : « *qu'il faut mentir par nombre impair.* » Si le choix du détail est malheureux, il n'y a plus d'illusion. Un matelot racontait qu'il avait vu le fantôme de son capitaine, tué quelques jours auparavant : « Il sortait de la grande écoutille avec son chapeau à trois cornes... — Conte cela aux soldats, dit un de ses camarades. On voit bien souvent des fantômes, mais jamais en chapeaux à trois cornes. »

Le Prisonnier du Caucase, qui suivit d'assez près *Rousslan et Lioudmila*, marque un changement assez notable dans la manière de Pouchkine. Il abandonne les héros de l'antiquité et cherche ses sujets dans le monde où nous vivons. Pourtant il est encore tout plein d'idées romanesques et juvéniles, et ses caractères appartiennent plus à la convention qu'à la nature. On s'aperçoit en outre qu'il est brûlant de ferveur pour lord Byron, et il se jette sur ses traces avec l'étourderie d'un néophyte jurant *in verba magistri*. Comme son maître, il a étudié la nature orientale ; il a visité le Caucase, cette Algérie de la Russie, siége d'une guerre acharnée dont il n'était pas destiné à voir la fin. La fable du poëme est des plus simples et ne se recommande pas par sa nouveauté. Un officier russe, prisonnier des Circassiens, est consolé dans sa captivité, puis délivré, par une jeune fille Tchetchenge, qui, lui sachant un autre amour au cœur, se jette dans un torrent après l'avoir conduit aux premières vedettes des Cosaques. On sent des réminiscences du *Giaour*, et du deuxième chant de *Don Juan* ; réminiscences habilement déguisées d'ailleurs sous des couleurs nouvelles. Malheureusement ses personnages parlent et agissent trop comme des héros de roman. La jeune Circassienne est la proche parente de Gulnare et de Haïdée, et c'est une belle personne qu'on ne voit guère que par les yeux de l'imagination lorsqu'on a vingt-cinq ans. Les descriptions de lieux, les aspects de la nature sont plus exactement peints, car l'auteur sait voir et choisir dans le spectacle qu'il a sous les yeux. Là encore se montrent le tact et la sobriété qui caractérisent Pouchkine. Tout jeune, il sait commander à son imagination; il se contient et se corrige. Ce n'est point Mazeppa lié sur le cheval sauvage, c'est un écuyer bien en selle, qui conduit sa monture là où il veut aller. Il me semble qu'aujourd'hui on méprise un peu trop le travail et qu'on n'estime que les génies primesautiers. Chez Pouchkine la verve ne fait pas défaut assurément, mais elle est accompagnée d'un goût sévère et d'un désir de la perfection que le « travail de la lime » *limæ labor*, ne rebute pas.

II

L'influence de lord Byron sur Pouchkine fut de longue durée; elle a produit plusieurs ouvrages remarquables que j'hésite à nommer des imitations. On dirait plus justement que le poëte russe s'exerce sur un terrain où l'Anglais s'est signalé avant lui. Byron, abandonnant pour un moment les passions violentes, a préludé à son *Don Juan* par le charmant poëme de *Beppo*, si plein d'*english humour*, et en même temps si vrai dans la peinture des mœurs italiennes. *La Petite Maison dans la Kolomna* et *le Comte Nouline* sont deux charmants petits tableaux du même genre, non moins gracieux que leur devancier. Sauf la forme des vers et le ton général de la composition, Pouchkine n'a rien dérobé à lord Byron. Ses caractères sont bien russes et pris sur la nature. *La Petite Maison dans la Kolomna* chante les tribulations d'une bonne veuve, mère d'une jolie fille, en quête d'une servante à tout faire. Il s'en présente une, grande, robuste, un peu gauche et maladroite, mais qui prend les gages qu'on lui offre. La fille de la maison est d'ailleurs fort empressée à la mettre au fait et l'aide de son mieux. Un jour, la veuve est prise, pendant la messe, d'un pressentiment que sa bonne fait quelque sottise dans le ménage : elle rentre en hâte, et la trouve devant un miroir en train de se raser.

Le *Comte Nouline*, revenant de faire son tour d'Europe, s'arrête, par suite d'un accident de voiture, dans le château d'une jeune femme un peu négligée par son mari, qui ne pense qu'à la chasse.

Le comte est avantageux, la dame très-ennuyée de la vie solitaire qu'on l'oblige à mener : naturellement le diable vient les tenter ; mais la vertu triomphe, et le comte Nouline ne gagne, à vouloir faire le Tarquin, que quelques égratignures. Sur ce léger canevas Pouchkine a jeté de charmantes broderies. Le récit s'enchevêtre à chaque instant des réflexions de l'auteur. En cela peut-être trouvera-t-on une autre imitation ; pourtant ce n'est pas à Byron que revient l'honneur de ce genre de composition, où l'auteur parle de tout à propos de peu de chose. Sterne, dans son *Tristram Shandy*, avait déjà mis à la mode cette sorte de commentaire perpétuel inséré dans le texte d'un récit des plus simples. Avant Sterne, Rabelais, avec sa verve et l'originalité de son style incomparable, avait fait la satire de l'Église, de la cour et de la société tout entière, à la faveur d'un conte à dormir debout.

Je crois qu'il ne serait pas impossible de lui ravir la gloire de l'invention, et de remonter à l'antiquité pour découvrir des modèles, si, dans une œuvre de ce genre, le mérite de l'exécution n'était pas le plus important, disons mieux, le seul à considérer. Personne ne raconte plus spirituel-

lement que Pouchkine, personne n'entremêle plus
agréablement la satire hardie, mais honnête, aux
observations justes et fines de mœurs et de caractères; personne enfin n'effleure avec plus de discrétion des situations qui, sous une plume moins habile,
alarmeraient les lecteurs les moins timorés. Pourtant
il y a partout des personnes aussi ingénieuses que
la prude de Molière pour apercevoir dans un livre
bien des intentions scandaleuses que l'auteur lui-
même n'a pas eues. Les ennemis de Pouchkine li-
saient, *entre les lignes* de ses poëmes, une foule de
choses impies, immorales, révolutionnaires. Il est
étrange que ceux qui déclament à tout propos contre
les vices de leur siècle s'attaquent avec tant d'achar-
nement aux ouvrages des auteurs qui n'ont pas une
meilleure opinion qu'eux de la nature humaine. En
vérité, les gens de lettres sont dans une position
bien difficile. Peignez les vices, les faiblesses, les
passions des hommes, on vous accusera de vouloir
pervertir vos contemporains. Vous aurez beau
faire emporter Don Juan par le diable, on croira
que vous prêchez l'irréligion. Jadis le cœur humain
tout entier appartenait aux poëtes ; aujourd'hui on
fait des réserves. Il y a mainte passion dont l'étude
est interdite ; l'amour, par exemple, qui est souvent

immoral. Ne donnez jamais quelques qualités aimables à un héros qui pèche contre les dix commandements ; on dira que vous sapez les bases de la société : Plutarque n'a fait déjà que trop de mal avec ses soi-disant grands hommes. Surtout ne vous avisez pas de vous moquer des hypocrites et des faux philanthropes, vous vous feriez trop d'ennemis.

Déjà à l'apogée de sa réputation, Pouchkine défiait ses critiques et ne cherchait pas à se justifier de l'accusation d'immoralité qui, dit-on, lui valut quelques succès parmi de bonnes âmes, comme il s'en trouve toujours pour convertir les mauvais sujets. Mais ses ennemis ne se bornèrent pas à noircir son caractère : ils prétendirent qu'il n'écrivait pas le russe purement. Il y a bien eu un Zoïle pour dire qu'Homère ne savait pas le grec ! Ce reproche de gens qui eussent été bien embarrassés pour prouver leur compétence paraît avoir affligé et violemment irrité le poëte. Son frère m'en parlait encore avec amertume, il y a quelques années. Dans la correspondance de Pouchkine, dans les notes de ses ouvrages et dans maint article de journal, on trouve les traces de sa rancune et de son dépit. Lucien, qui était philosophe de profes-

sion, homme d'esprit, Grec, et par conséquent beau
diseur, perdit la tête parce qu'un pédant s'était
avisé de lui reprocher un mot comme n'étant pas
d'une bonne grécité. Il appelle son critique voleur,
parricide, incestueux et le reste. Voyez l'*Apophrade*
(ce n'est pas aux dames que je parle). Pouchkine
fut dans cette polémique un peu moins vif que
Lucien, mais plus aigre que la chose ne le mé-
ritait.

Nous avons vu Pouchkine chercher des inspirations étrangères et prendre un guide, moins peut-
être pour se conduire que pour s'encourager, de
même que ceux qui ne nagent jamais si bien que
lorsqu'un bateau les accompagne. Le poëme des
Bohémiens nous le fait voir plus confiant en lui-
même et se frayant sa voie à sa manière. Ce sont
des fragments qui se suivent, sans transition ; tantôt de courts récits, tantôt des dialogues entremêlés
quelquefois de morceaux lyriques. Point de détails,
point de réflexions, quelques descriptions rapides,
et toujours une action entraînante. Je ne connais
pas d'ouvrage plus *tendu*, si l'on peut se servir
de cette expression comme d'un éloge ; pas un vers,
pas un mot ne s'en pourrait retrancher ; chacun a
sa place, chacun a sa destination, et cependant en

apparence tout cela est simple, naturel, et l'art ne se révèle que par l'absence complète de tout ornement inutile.

Un homme qui a vécu dans le monde et qui en a été chassé trouve un asile parmi des Bohémiens. Probablement les yeux noirs de Zemfira, la fille du chef de la horde, sont pour quelque chose dans le choix de sa retraite. Le mariage ou l'association est bientôt conclu. Je n'ai pas la pédanterie de demander à Pouchkine dans quelle tribu il a vu des bohémiennes prendre leur *rom* parmi les *Busné*, c'est-à-dire un mari étranger à leur race. Il y a des exemples pourtant, dit-on. L'exilé goûte avec délices la libre oisiveté de la Bohême. Zemfira pense aux villes : les femmes y sont si bien parées ! Aleko, c'est le nom de son mari, s'aperçoit, au bout de quelques mois d'union, qu'il n'est plus aimé. Il s'en afflige et s'en irrite. « Console-toi, lui dit le père de Zemfira ; aimer, c'est pour toi souffrance et tristesse ; aimer pour un cœur de femme, c'est un divertissement. Regarde sous la voûte du ciel la lune errant en liberté. A toute la nature, en passant, elle verse sa lumière. Elle distingue un nuage, et soudain l'illumine de ses rayons ; mais bientôt elle passe à un autre et ne s'y arrêtera pas longtemps. Qui lui assignera une place fixe dans le ciel? qui lui dira : Reste ici? Qui dira au cœur d'une jeune fille : Rien qu'un amour, ne change jamais? »

Aleko, sûr de l'infidélité de la bohémienne, la tue avec son amant. Stupéfaction de la horde. Le meurtrier, immobile et accablé par son désespoir, attend la vengeance des bohémiens. Le père de Zemfira, après avoir déposé les deux amants dans une fosse creusée sous les yeux d'Aleko, lui adresse la parole : « Loin de nous, homme orgueilleux! Nous sommes des barbares sans lois; nous ne savons ni torturer ni punir, nous n'avons besoin ni de sang ni de larmes, mais nous ne vivons pas avec un assassin. Tu n'es pas né pour la vie des sauvages; tu ne veux de la liberté que pour toi. Tes yeux nous feraient peur, timides que nous sommes. Tu es méchant et hardi, laisse-nous. Adieu, et que la paix reste avec toi! » La horde charge ses charriots à la hâte, et laisse Aleko seul sur la steppe déserte.

Il y a, ce me semble, dans ce dénoûment un effet grandiose, et l'horreur des nomades qui fuient l'assassin a quelque chose de plus terrible que la vengeance la plus raffinée. A mon avis, *les Bohé-*

miens offrent comme le résumé le plus fidèle de la manière et du génie de Pouchkine. Simplicité de la fable, choix habile des détails, merveilleuse sobriété de l'exécution. Il est impossible de donner en français une idée de la concision de ses vers. Ses images toujours pleines de vérité et de vie sont plutôt indiquées que développées, et c'est avec un goût tout à fait hellénique qu'il dirige l'attention du lecteur. L'exposition du poëme, la description du site, la peinture de la vie des bohémiens n'occupent que dix-sept vers, et cependant que manque-t-il au tableau?

Je traduis aussi littéralement que je le puis le début du poëme :

« Des bohémiens, troupe vagabonde, vont errants en Bessarabie. Aujourd'hui, au bord du fleuve, ils campent sous leurs tentes déchirées. Douce comme l'indépendance est leur nuitée. Qu'on dort bien à la belle étoile ! Entre les roues des charriots, à l'abri de lambeaux de couvertures, brille le feu du bivouac. A l'entour, la horde prépare le souper. Les chevaux paissent l'herbe de la steppe. Derrière une tente, un ours apprivoisé se vautre en liberté. Tout est en mouvement sur la plaine. On se prépare à la courte traite du lendemain, les femmes chantent, les enfants crient, l'enclume de campagne résonne sous le marteau. »

Quiconque a vu un camp de bohémiens reconnaîtra sans doute la vérité de cette description, où tout est pris sur nature, sauf l'ours peut-être, qui, chez nous, est remplacé par un singe ou un âne savant. Voici maintenant la marche de la horde, aussi graphiquement, aussi brièvement décrite :

« Tout s'ébranle à la fois, et le voyage commence par la plaine unie. Des ânes dans leurs paniers portent des enfants qui se jouent. Derrière viennent les maris, les frères, les filles et les femmes. Quels cris ! quel tapage ! Parmi des refrains de Bohême, les hurlements de l'ours et le cliquetis incessant de sa chaîne ; partout des haillons aux couleurs criardes : ici des enfants et des vieillards à demi nus, là des chiens qui hurlent et aboient ; le violon ronfle, les roues grincent sur le sable, tout est sauvage, misérable, désordonné... »

Sous le titre de *Boris Godounof*, Pouchkine a composé un drame historique dans la forme de ceux de Shakspeare, avec l'aventure du premier des faux Démétrius. Il y a des caractères bien tracés, entre autres celui de Boris ; mais, pour s'être astreint à suivre de trop près *l'histoire officielle*, il a sacrifié souvent l'action et les effets dramatiques. Il est juste de dire que l'ouvrage n'a pas été écrit pour la scène. J'entends par l'histoire officielle celle de Karamsine, approuvée par la censure de son temps, car j'ai de bonnes raisons pour croire que l'imposteur n'était pas le moine défroqué Grégoire Otrépief, que l'Église russe maudit encore aujourd'hui pour un crime dont il me paraît fort innocent. Et ma grande raison, c'est que je suis l'auteur d'un travail historique sur le même sujet, où je crois avoir prouvé que le faux Démétrius était un Cosaque ou un Polonais; mais je suis accommodant et prêt à me prêter à toutes les hypothèses, pourvu qu'on donne à l'imposteur des sentiments et un caractère conformes au rôle qu'il a joué. Malheureusement le Grégoire Otrépief de Pouchkine n'est que très-vaguement dessiné. Il me semble qu'il y avait mieux à faire avec ce héros étrange, précurseur de Pierre le Grand, à qui peut-être il n'a manqué pour réussir et faire souche de souverains qu'un peu plus de prudence et moins de douceur. Je dois cependant citer une belle scène et très-dramatique.

L'imposteur, déjà reconnu en Pologne et traité en prince dans le château du palatin Mniszek, est

amoureux de sa fille, la belle Marina. Tout cela
est parfaitement d'accord avec l'histoire, mais voici
le roman qui commence. L'amour rend honnête.
L'imposteur se croit aimé, et dans un moment
d'abandon il confie son secret à sa maîtresse. Marina aimait le tsarévitch ; elle traite Otrépief avec
l'indignation d'une dame de haut parage insultée
par la déclaration d'un vilain. Alors Otrépief,
comme réveillé en sursaut, reprend son rôle. Il
lui dit : « L'ombre du *Terrible* [1] m'a adopté, et
de son tombeau m'a nommé Démétrius. Il a sou-
levé les peuples autour de moi et m'a livré Boris
pour victime. Je suis le tsarévitch. Je ne m'abais-
serai pas devant l'orgueil d'une Polonaise. Un jour
peut-être regretteras-tu ce que tu méprises aujour-
d'hui. » — *Marina.* « Et si je proclame ton im-
pudent mensonge ? » — *Otrépief.* « Tu penses m'ef-
frayer ? Mais qui croira-t-on ? une coquette polonaise ou un tsarévitch de Russie ? Sache-le bien,
d'ailleurs, ni le pape, ni le roi, ni les grands ne
se fient à mes paroles. Que je sois ou non Démétrius,
que leur importe ? Pour eux je suis une occasion de
guerre et de révolte. Ils ont besoin de moi ; et toi,

1. Ivan IV, surnommé le *Terrible* (*Groznii*,) dont l'imposteur
se disait le fils.

faible rebelle, ils sauront te réduire au silence. Adieu. » — *Marina.* « Arrête, tsarévitch ! Enfin j'entends le langage non plus d'un enfant, mais d'un homme. Prince, il me réconcilie avec toi. J'oublie ton fol abandon, et c'est bien Démétrius que je vois à présent. Pars, va à Moscou, purifie le Kremlin et assieds-toi sur le trône moscovite. Alors envoie-moi le courrier des fiançailles. » Il paraît certain que Marina n'épousa l'imposteur que pour être tsarine, mais son ambition était moins élevée que nous la représente Pouchkine. D'après sa conduite et les lettres qu'on a d'elle, on voit que c'était une personne futile, pleine de vanité, d'ailleurs croyant pieusement comme son père à la fable de l'imposteur, lequel, par parenthèse, ne semble avoir eu jamais de confident.

Le drame se terminant à la mort de la veuve et du fils de Boris, Pouchkine n'a pas traité une autre situation, qui me paraît digne de sa plume. Marfa, veuve d'Ivan le Terrible et mère du vrai Démétrius, était religieuse au couvent de Troïtsa lorsque l'imposteur fut couronné à Moscou. Elle ne pouvait douter que son fils ne fût mort, car il avait expiré entre ses bras, et elle croyait qu'il avait été assassiné par ordre de Boris. Il y avait douze ans que le vrai Démétrius reposait dans son tombeau. L'imposteur entra dans le couvent de Troïtsa, vit Marfa, et demeura une demi-heure seul avec elle. Puis il sortit du monastère en lui donnant la main. Devant tout le peuple, elle se jeta dans ses bras en pleurant, et personne ne douta plus qu'elle ne fût sa mère. Nul n'a su le secret de cette entrevue, mais un poëte peut deviner, et, je le pense, en tirer une belle scène.

On a de Pouchkine quelques ouvrages en prose, des nouvelles, dont plusieurs sont charmantes, comme *la Fille du Capitaine* et *la Dame de Pique ;* beaucoup d'articles de critique littéraire, et un travail historique sur la révolte de Pougatchef. Pougatchef était, comme on sait, un Cosaque qui, à l'exemple des faux Démétrius, essaya de se faire passer pour un prince dont la mort avait été mystérieuse. Ce prince était Pierre III. Sous ce nom, Pougatchef souleva les Cosaques de l'Oural, les Bachkyrs et les paysans des provinces méridionales de la Russie. On dit que l'empereur Nicolas avait donné lui-même à Pouchkine la mission d'écrire l'histoire de ce hardi coquin, qui saccagea Kazan et égorgea des milliers de gentilshommes, car c'était tout bonnement une jacquerie qu'il dirigeait.

L'empereur voulait-il guérir le poëte de ses aspirations trop libérales en le forçant de décrire les sanguinaires saturnales d'esclaves révoltés? Voulait-il seulement, en lui confiant un travail officiel, l'accaparer en quelque sorte? Je l'ignore. Mais Pouchkine attrapa bien ceux qui annonçaient que de la mission impériale sortirait un nouveau poëme. Il étudia consciencieusement son sujet, compulsa maints mémoires, fouilla les archives de toutes les provinces où Pougatchef avait passé, et le résultat de son travail fut un récit aussi froid que le procès-verbal d'un greffier de cour d'assises. Il est vrai que ces études nous ont valu *la Fille du Capitaine*, petit roman où Pougatchef joue un rôle, et se fait mieux connaître que dans l'histoire officielle.

Je ne dirai rien de quelques poëmes, tels que *les Frères bandits, Mazeppa, le Cavalier de bronze, la Fontaine de Bakhtchisaraï*, ayant hâte d'arriver au plus important des ouvrages de Pouchkine, à celui qui seul pourrait donner une idée complète de son génie et en montrer les différentes transformations. C'est *Eugène Oniéghine*. S'il s'agissait d'un tableau, je dirais qu'il a été commencé dans la *seconde manière* du maître, et achevé dans la dernière, c'est-

à-dire à l'apogée de son talent. Les premiers chants
sont une imitation, mais parfaitement *russifiée*, du
Don Juan de lord Byron. Les derniers sont d'un
caractère tout différent, et on dirait que le railleur,
le sceptique impitoyable a fait place à une âme
tendre et passionnée. Après avoir longtemps cherché dans le cœur humain tous les vices, toutes les
bassesses, pour les flageller et les bafouer, il s'a-
perçoit tout à coup qu'à côté de ces honteuses misères, il y a des traits sublimes. Il devient le poëte
du grand et du beau, dès qu'il l'a découvert.

Eugène Oniéghine est un joli garçon de Saint-
Pétersbourg, atteint de tous les défauts de sa génération, mais ayant au fond du cœur quelque chose
d'élevé et même une certaine dose de philosophie.
Après avoir été quelque temps le roi de la mode,
il prend en pitié ses faciles succès ; le monde l'en-
nuie, et, blasé avant trente ans, il va vivre à la
campagne, fort mal vu de ses voisins, qu'offense sa
supériorité. Il en est un cependant qu'il distingue,
c'est le jeune Lenskoï, rapportant d'une université
allemande un enthousiasme naïf et des aspirations
sublimes. La philosophie de Schoppenhauer n'était
pas encore inventée.

Sa naïveté poétique divertit Oniéghine, qui l'aime

tout en se plaisant à le taquiner. Lenskoï voit tout en beau, il aime tout, et se désespère que son ami ait une si triste expérience des hommes et des choses. « L'allégresse du cœur s'augmente à la répandre. » Lenskoï, qui aime une demoiselle du voisinage, veut rendre Oniéghine témoin de son bonheur, et le conduit, presque malgré lui, dans la famille de sa fiancée, famille bien patriarcale, provinciale même. Mais il y a deux filles à marier. Tatiana, la sœur de la fiancée de Lenskoï, timide, réservée, n'osant dire un mot, est tout yeux et tout oreilles pour le froid compagnon de son futur beau-frère ; il lui représente la perfection de ce comme il faut dont elle a entendu parler.

Tatiana est un volcan couvert de neige. Rien de plus gracieux que cette figure de jeune fille passionnée et candide, intelligente et crédule, fière et timide, vivant au milieu des rêves de son imagination. Mais pourquoi Oniéghine ne découvre-t-il pas d'abord le diamant sous la gangue qui le cache ? Pourquoi ? parce qu'il n'a jamais vécu que d'une vie factice, parce qu'il n'a vu que du strass artistement taillé. Il ne connaît que ces belles poupées, habillées par la meilleure marchande de modes, et montées dans une de ces écoles où comme le veut

mistress Malaprop, on apprend aux demoiselles
«un peu d'innocence et d'artifice. » Après bien des
hésitations, bien des tourments, la passion l'emporte et Tatiana écrit à Oniéghine pour lui avouer
son amour. « Elle lui écrivit en français, dit
Pouchkine, car on ne peut écrire une lettre en
russe. » C'est une épigramme à l'adresse d'un de ses
critiques. La lettre de Tatiana est en excellent russe
et des plus touchantes. Oniéghine est surpris. Il n'a
pas la moindre envie de l'épouser. Il pourrait bien
la mettre à mal ; mais il est honnête homme au fond,
et il éprouve quelque plaisir à se trouver dans une
situation contraire à celle où il a été toute sa vie.
Un général qui a pris bien des places, par amour
de la diversité, se plaît à soutenir un siége. Il dit
fort poliment à Tatiana qu'il n'est pas son fait, et
après quelques lieux communs de morale paternelle,
il se retire, fort satisfait de ce qu'il croit un trait
de galant homme, après avoir mortellement blessé
un pauvre cœur.

Cependant Lenskoï est un peu piqué que sa fiancée et sa famille n'aient pas été mieux appréciées
par Oniéghine. Il y a entre eux un peu de contrainte
et de froid ; puis un mot piquant échappe, et on y
répond. Grâce à des amis très-chatouilleux sur le

point d'honneur pour leurs amis, l'affaire est déclarée
sérieuse ; un duel a lieu, et Lenskoï est tué. Oniéghine doit quitter la Russie pour plusieurs années.
Il y revient mûri par le chagrin et par l'étude, plus
indulgent pour les autres, moins égoïste et plus
sérieux. Dans une grande soirée, il distingue une
jeune femme remarquable par sa beauté et plus encore par son grand air. C'est la lionne de Moscou,
mais lionne respectée par la médisance. Au milieu
de ses longs voyages, Oniéghine a perdu la mémoire
de toutes les demoiselles qui promettaient de son
temps, et il s'adresse à un vieux général, son parent, aimé et considéré de tout le monde. —
« Quoi ! tu ne la connais pas ? c'est ma femme...
Mais comment as-tu déjà oublié ta voisine de campagne, Tatiana ? Viens, que je te présente. » Tatiana
le reçoit sans embarras ; elle n'est ni prude ni hardie,
mais polie et gracieuse, affable même. Elle semble
parfaitement à son aise, tandis qu'Oniéghine admire
comment la petite provinciale s'est changée si vite
en grande dame. Il commence à regretter sa froi-
deur d'autrefois. Pas n'est besoin d'ajouter que
bientôt il en est amoureux, et très-sérieusement ;
mais à présent il a affaire à forte partie. Le général n'est pas jaloux. il est plein de confiance dans

sa femme ; mais celle-ci est prudente, et sa science du monde, nouvellement acquise, elle s'en sert pour éviter le danger, sans paraître le craindre ou même le soupçonner. A son tour, Oniéghine lui écrit ; il lui envoie lettre sur lettre ; pas une n'obtient de réponse. Désespéré, il pénètre un jour dans l'appartement de Tatiana et la surprend tout en pleurs lisant les lettres qu'il lui a adressées. — « Vous » savez mon secret, lui dit-elle ; je vous ai toujours » aimé ; mais je suis mariée. Adieu pour toujours. » Ainsi finit le poëme.

J'ai remarqué l'imitation du *Don Juan* dans la première partie de l'ouvrage, publiée plusieurs années avant la seconde ; elle cesse complétement dans la suite du poëme. Tous les caractères sont d'une vérité merveilleuse. Rien n'est forcé, tout est simple, facile, mais revêtu du plus admirable coloris. Il n'appartient pas à un Français d'apprécier la versification de Pouchkine, mais il n'y a pas de Russe instruit qui ne sache par cœur presque tous les vers d'*Eugène Oniéghine*.

S'il fallait résumer en quelques mots le caractère des poëmes de Pouchkine, il faudrait noter la simplicité de la composition, la sobriété des détails, et surtout le tact exquis qui les fait choisir. Telle est

19.

aussi sa manière dans ses poésies lyriques, où il est peut-être le plus admirable. Bien qu'il soit impossible de traduire des vers et surtout des vers lyriques en vile prose, j'essayerai pourtant de donner un exemple de sa manière. Quelque imparfaite que soit ma traduction, elle permettra pourtant d'apprécier les traits saillants du génie de Pouchkine mieux que je ne pourrais le faire comprendre par une longue dissertation. Je commencerai par une pièce célèbre, *l'Antchar.* C'est le nom d'un arbre des Indes dont le suc est, dit-on, un poison mortel. Les Orientaux en content bien des merveilles ; je ne sais si les botanistes le connaissent.

« Dans un désert avare et stérile, sur un sol calciné par le soleil, l'antchar, tel qu'une vedette menaçante, se dresse unique dans la création.

» La nature, dans ces plaines altérées, le planta au jour de sa colère, abreuvant de poison ses racines et la pâle verdure de ses rameaux.

» Le poison filtre à travers son écorce, en gouttes fondues par l'ardeur du midi ; le soir, il se fige en gomme épaisse et transparente.

» L'oiseau se détourne à son aspect, le tigre l'évite ; un souffle de vent courbe son feuillage ; le vent passe, il est empesté.

» Une ondée arrose un instant ses feuilles endor-
mies, et de ses branches tombe une pluie mortelle
sur le sol brûlant.

» Mais un homme a fait un signe, un homme obéit;
on l'envoie à l'antchar, il part sans hésiter, et le
lendemain il rapporte le poison [1].

» Il rapporte la gomme mortelle, des rameaux et
des feuilles fanées, et de son front pâle, la sueur
découle en ruisseaux glacés.

» Il l'apporte, chancelle, tombe sur les nattes de la
tente, et le misérable esclave expire aux pieds de
son prince invincible.

» Et le prince, de ce poison, abreuve ses flèches
obéissantes. Elles vont porter la destruction à ses
voisins, sur la frontière. »

Le cadre est étroit, mais le tableau est achevé et,
si je ne me trompe, la composition a sa grandeur.
Voici maintenant un fragment très-court où Pouchkine décrit une scène horrible, sans insister sur ses
détails repoussants, et de façon pourtant à laisser
l'impression la plus poignante. La pièce est intitulée *le Privilégié;* je traduis ainsi le nom de *Kromes-*

---

1. Le latin seul peut donner une idée de la concision du
russe : *At vir virum — misit ad antchar superbo vultu, — et
ille obedienter viam ingressus est, — et rediit mane cum veneno.*

nik, qui avait été donné aux gardes du tsar Ivan IV, ministres ordinaires de ses cruautés.

« Quelle nuit ! Une âpre gelée [1]. Au ciel, pas un nuage. La voûte bleue semble une courtine brodée, étincelante d'étoiles innombrables. Dans les maisons, silence absolu. Les portes sont assurées par des barres et de lourds cadenas. Partout repose le peuple ; tout s'est tu, jusqu'aux rumeurs et aux bruits des artisans. A peine entend-on la garde du tsar qui fait la ronde, et aussi un lointain bruissement de chaînes.

» Et Moscou s'abandonne au sommeil, oubliant les souleurs de l'effroi. La place, dans l'obscurité de la nuit, est encore pleine de la justice d'hier. Partout les traces d'une récente boucherie. Ici des corps hachés en pièces, là des poteaux, des fourches, des chaudières pleines de poix refroidie ; plus loin des billots renversés. Des griffes de fer se hérissent sur des piliers. Ceci c'est un tas de cendres mêlé d'ossements ; sur des pals aigus des cadavres noircissent à la gelée, roidis dans leurs dernières convulsions.

» Qui vient là ? A qui ce cheval lancé à toute

---

1. Je n'ose dire, comme le russe, *craquante*.

bride sur cette place effrayante ? Qui peut siffler ainsi ? quelle est cette voix colère qui s'élève au milieu de la nuit ? C'est un hardi *Privilégié*. Il a hâte, il court à un rendez-vous d'amour, et le désir lui brûle le cœur. — « Allons, mon fier cheval, mon fidèle coursier, vole comme la flèche ! Plus vite, plus vite ! » Mais le cheval effrayé secoue sa crinière tressée et se piète. Dans l'ombre, parmi les poteaux, se balance un cadavre suspendu à une traverse de chêne. Le cavalier allait se lancer dessous, quand le cheval effarouché se cabre sous le fouet, ronfle et se rejette en arrière sur ses jarrets. — « Qu'as-tu, mon bon cheval ? De quoi as-tu peur ? Ne sommes-nous pas allés là-bas fouler durement, dans une vengeance de terrible colère, les traîtres ennemis du tsar ? Leur sang a teint tes sabots d'acier. Ne les reconnais-tu pas à présent ? Allons, mon brave coursier, en avant ! vole !... » Et le cheval, à bout de ré-sistance, passe comme un ouragan sous le cadavre.

Je terminerai par une pièce d'un tout autre carac-tère qui, de même que l'*Antchar*, a eu le malheur d'être prise par la censure pour un dithyrambe révolutionnaire. Aujourd'hui l'une et l'autre sont imprimées dans toutes les éditions récentes de Pouchkine. Elle est intitulée *le Prophète*.

« Tourmenté d'une soif spirituelle, j'allais errant dans un sombre désert, et un séraphin à six ailes m'apparut à la croisée d'un sentier. De ses doigts légers comme un songe, il toucha mes prunelles; mes prunelles s'ouvrirent voyantes comme celles d'un aiglon effarouché ; il toucha mes oreilles, elles se remplirent de bruits et de rumeurs, et je compris l'architecture des cieux et le vol des anges au-dessus des monts, et la voie des essaims d'animaux marins sous les ondes, et le travail souterrain de la plante qui germe. Et l'ange, se penchant vers ma bouche, m'arracha ma langue pécheresse, la diseuse de frivolités et de mensonges, et entre mes lèvres glacées sa main sanglante mit le dard du sage serpent. D'un glaive il fendit ma poitrine et en arracha mon cœur palpitant, et dans ma poitrine entr'ouverte il enfonça une braise ardente. Tel qu'un cadavre, j'étais gisant dans le désert, et la voix de Dieu m'appela : Lève-toi, prophète, vois, écoute, et parcourant et les mers et les terres, brûle par la Parole les cœurs des humains. »

Janvier 1868.

XV

IVAN TOURGUÉNEF

Le nom de M. I. Tourguénef est aujourd'hui populaire en France; chacun de ses ouvrages est attendu avec la même impatience et lu avec le même
plaisir à Paris et à Saint-Pétersbourg. On le cite
comme un des chefs de l'école réaliste. Que ce soit
une critique ou un éloge, je crois qu'il n'appartient
à aucune école; il suit ses propres inspirations.
Comme tous les bons romanciers, il s'est attaché à
l'étude du cœur humain, mine inépuisable, bien
que depuis si longtemps exploitée. Observateur
fin, exact, parfois jusqu'à la minutie, il compose
ses personnages en peintre et en poëte tout à la fois.

Leurs passions et les traits de leur visage lui sont également familiers. Il sait leurs habitudes, leurs gestes ; il les écoute parler et sténographie leur conversation. Tel est l'art avec lequel il fabrique de toutes pièces un ensemble physique et moral, que le lecteur voit un portrait à la place d'un tableau de fantaisie. Grâce à la faculté de condenser, en quelque sorte, ses observations et de leur donner une forme précise, M. I. Tourguénef ne nous choque pas plus que la nature, lorsqu'il nous présente quelque cas extraordinaire et anormal. Dans son roman de *Pères et Enfants*, il nous montre une jeune fille qui a de grandes mains et de petits pieds. Dans la structure humaine, il y a d'ordinaire une certaine harmonie entre les extrémités, mais les exceptions sont moins rares dans la nature que dans les romans. Pourquoi cette gentille Mlle Katia a-t-elle de grandes mains ? L'auteur l'a vue ainsi, et, par amour pour la vérité, il a eu l'indiscrétion de nous le dire. Pourquoi Hamlet est-il gros et manque-t-il d'haleine ? Faut-il croire, avec un ingénieux professeur allemand, que Hamlet, étant incertain dans ses résolutions, ne pouvait avoir qu'un tempérament lymphatique, *ergo* une disposition à l'embonpoint ? Mais Shakspeare n'avait pas lu Cabanis, et j'aime-

rais mieux supposer qu'en représentant ainsi le
prince de Danemark, il pensait à l'acteur qui devait
en jouer le rôle, s'il ne me semblait encore plus probable que le poëte avait devant lui un fantôme de son
imagination, qui se dessinait « aux yeux de l'esprit
(*in the mind's eye*) « nettement et d'une manière complète. Des souvenirs, des associations d'idées dont
on ne peut se rendre compte, obsèdent involontairement celui qui a l'habitude d'étudier la nature.
Dans ses fictions, il embrasse d'un seul coup d'œil
une foule de détails unis par quelque lien mystérieux, qu'il sent, mais qu'il ne pourrait peut-être
pas expliquer. Remarquons encore que la ressemblance, que la vie dans un portrait tient souvent à
un détail. Je me souviens d'avoir entendu professer cette théorie à sir Thomas Lawrence, assurément un des plus grands peintres de portraits de
ce siècle. Il disait: « Choisissez un trait dans la figure de votre modèle ; copiez-le fidèlement, servilement même ; vous pouvez ensuite embellir tous
les autres. Vous aurez fait un portrait ressemblant
et le modèle sera satisfait. »

Peintre de la plus belle aristocratie de l'Europe,
Lawrence avait grand soin de choisir le trait à copier servilement. M. I. Tourguénef n'est pas plus

courtisan qu'un photographe, et n'a aucune de ces faiblesses ordinaires aux romanciers pour les enfants de leur imagination. C'est avec leurs défauts qu'il les produit, voire avec leurs ridicules, laissant à son lecteur la tâche de faire la somme du bien et du mal et de conclure en conséquence. Encore moins cherche-t-il à nous offrir ses personnages comme les types d'une certaine passion ou comme les représentants d'une certaine idée, selon une pratique usitée de tout temps. Avec ses procédés d'analyse si délicats, il ne voit pas de types généraux ; il ne connaît que des individualités. En effet, existe-t-il dans la nature un homme n'ayant qu'une passion, suivant sans biaiser la même idée? Il serait assurément bien plus redoutable que l'homme *d'un seul livre* que craignait Térence.

Cette impartialité, cet amour du vrai, qui est le trait éminent du talent de M. Tourguénef, ne l'abandonne jamais. Aujourd'hui, en composant un roman dont les personnages sont nos contemporains, il est difficile de ne pas être amené à traiter quelques-unes de ces grandes questions qui agitent nos sociétés modernes, ou tout au moins à laisser voir son opinion sur les révolutions qui s'opèrent dans les mœurs. Pourtant on ne saurait dire si M. Tour-

guénef regrette la société du temps d'Alexandre Ier
ou s'il lui préfère celle d'Alexandre II. Dans son roman de *Pères et Enfants*, il s'est attiré la colère des
jeunes gens et des vieillards; les uns et les autres
se sont prétendus calomniés. Il n'a été qu'impartial,
et c'est ce que les partis ne pardonnent guère. J'a-
jouterai qu'il faut se garder de prendre Bazarof
pour le représentant de la jeunesse progressiste, ou
Paul Kirsanof comme le parfait modèle de l'ancien
régime. Ce sont deux figures que nous avons vues
quelque part. Ils existent sans doute, mais ce ne
sont pas des personnifications de la jeunesse ni de
la vieillesse de ce siècle. Il serait bien à désirer que
tous les jeunes gens eussent autant d'esprit que
Bazarof, et tous les vieillards des sentiments aussi
nobles que Paul Kirsanof.

M. Tourguénef bannit de ses ouvrages les grands
crimes, et il ne faut pas y chercher des scènes de
tragédie. Il y a peu d'événements dans ses romans.
Rien de plus simple que leur fable, rien qui ressemble plus à la vie ordinaire, et c'est là encore
une des conséquences de son amour du vrai. Les
progrès de la civilisation tendent à faire disparaître
la violence de notre société moderne, mais ils n'ont
pu changer les passions que recèle le cœur humain.

La forme qu'elles prennent est adoucie, ou, si l'on veut, usée, comme une monnaie qui circule depuis longtemps. Dans le monde, voire dans le demi-monde, on ne voit plus guère de Macbeth ni d'Othello ; pourtant il y a toujours des ambitieux et des jaloux, et les tortures qu'éprouve Othello avant d'étrangler Desdemone, tel bourgeois de Paris les a endurées avant de demander une séparation de corps. J'ai connu un commis qui n'a pas vu sans doute dans une hallucination diabolique « un poignard dont le manche s'offrait à sa main, » mais il avait sans cesse sous les yeux un fauteuil de chef de bureau à clous dorés, et ce fauteuil l'a poussé à calomnier son supérieur pour obtenir sa place. C'est dans « ces drames intimes » comme on dit aujourd'hui, que se complaît et excelle le talent de M. Tourguénef.

Son premier ouvrage, les *Souvenirs d'un Chasseur*, suite de nouvelles ou plutôt de petites esquisses pleines d'orignalité, a été pour nous comme une révélation des mœurs russes, et nous a donné tout d'abord la mesure du talent de leur auteur. Je ne crois pas exagérer en disant que ce livre a eu sa part d'influence et sa part considérable dans la grande mesure qui a illustré le règne d'Alexandre II. l'af-

franchissement des serfs. Ce n'est pas un plaidoyer
véhément comme celui de mistriss Beecher Stowe en
faveur des nègres, et le paysan russe de M. Tourguénef n'est pas un portrait de fantaisie comme l'on-
cle Tom. Le *moujik* n'est pas flatté, et l'auteur nous
le montre avec ses mauvais instincts, aussi bien
qu'avec les qualités qui le distinguent. Le paysan
russe est un mélange singulier de bonhomie et de
ruse, d'entêtement et d'obéissance, d'humilité et de
confiance en lui-même. La patience et la résigna-
tion sont ses principales vertus, le mensonge et la
fourberie ses vices dominants, soit qu'il les tienne de
la nature, soit que l'esclavage les lui ait donnés. De
même que John Bull est la personnification du plé-
béien anglais, le paysan russe a son représentant
imaginaire dans ses légendes nationales.

C'est un certain Elie de Mourom, grand man-
geur, rude buveur, qui rappelle notre frère Jean
des Entomeures, une sorte d'hercule bouffon. Malheur à qui fait lever le poing d'Élie de Mourom !
Il y a encore ce proverbe en Russie, que je n'ose
traduire littéralement : « Le paysan ne vaut pas une
claque, mais il mangera Dieu. » Ces gens si rési-
gnés sentent pourtant leur force, et quelquefois ils
l'ont montrée. Ce sont les serfs qui donnèrent une

couronne à l'aventurier qui prit le nom de Démétrius au commencement du XVIIe siècle ; ce sont eux qui mirent l'empire en danger, sous le commandement de Stenka-Razine, en 1670, et un siècle plus tard, sous celui de Pougatchef. Selon la tradition populaire, Stenka-Razine n'est pas mort. Ce grand et féroce vengeur des esclaves opprimés s'est sauvé de prison, grâce au diable qui était son compère, et il vit au delà de la *mer bleue*. Pour un *moujik*, rien n'est plus loin que cette mer-là. En 1773, Stenka-Razine a reparu ; cette fois, il se faisait appeler Pougatchef. On a prétendu que Pougatchef avait été roué vif ; point, il est retourné à la mer bleue, où il vit toujours, attendant que la masse des iniquités ait lassé la colère divine. Lorsqu'on en sera venu à ce point d'immoralité, qu'*on mettra du suif au lieu de cire dans les cierges d'église*, alors Stenka-Razine s'incarnera une dernière fois et on en verra de belles ! Voilà les légendes du *moujik*. Ce géant résigné, mais ayant la conscience de sa force, sera-t-il désarmé par l'émancipation ? Nous l'espérons et tout porte à le croire.

Il fallait tout l'art et tout le tact qu'apporte M. Tourguénef dans ses compositions, pour parler du servage en Russie sans emboucher la trompette révolutionnaire ni tomber dans des exagérations dont le résultat serait de dégoûter le lecteur au lieu de le convaincre. Après lui, une femme de beaucoup de talent, qui a pris le pseudonyme des Vovtchko (le louveteau), a écrit quelques nouvelles sur des sujets du même genre, dans le dialecte de l'Ukraine. Je ne les connais que par une traduction russe qu'en a donnée M. Tourguénef. Les couleurs sont tellement sombres, que le tableau est repoussant. Il peut être vrai ; je le crains, mais on aime à le croire faux, et il excite encore plus l'horreur que la pitié. En parlant de quelque situation terrible, on dit en Corse : « *Si vuol la scaglia.* » Cela demande la pierre à fusil. Tel est le sentiment qu'on éprouve en lisant la première nouvelle de ce recueil, *la Fille du Cosaque*. La manière de M. Tourguénef est bien différente. Sa modération, son impartialité, le soin qu'il a de céler ses propres convictions, comme un juge qui résume les débats, donnent à ses récits une puissance que la plus éloquente déclamation n'atteindra jamais. Empreints d'une poésie douce et triste, ils laissent une impression plus durable que l'indignation soulevée par les nouvelles de Vovtchko.

On sait que tous les peintres qui ont excellé à représenter la figure humaine ont été de grands paysagistes, lorsqu'ils ont voulu l'être, et on ne s'étonnera pas de trouver chez M. Tourguénef, profond scrutateur du cœur humain, le talent d'observer et de décrire les sites et les effets de la nature. Toujours exact et simple, il s'élève souvent à la poésie, sans paraître la chercher, par la vivacité de ses impressions et l'art avec lequel il met en relief les traits caractéristiques de ses descriptions. Et ce n'est pas seulement la nature de son pays qu'il nous fait sentir et comprendre ; en lisant sa nouvelle intitulée *Apparitions*, il est impossible de ne pas admirer la variété et la vérité de ces paysages si différents. Quiconque, d'un site élevé, a contemplé la nuit la campagne de Rome se rappellera ces flaques d'eau de toutes formes se dessinant en clair sur un fond d'herbes noires et réfléchissant un ciel lumineux. M. Tourguénef les compare aux fragments d'un miroir cassé dispersés sur un parquet. Assurément on pourrait trouver une comparaison plus noble, mais je doute qu'on pût offrir une image aussi exacte. Et dans la même nouvelle, cette nuit d'été à Saint-Pétersbourg, qu'il appelle *un jour malade*, n'est-ce pas un de ces traits qu'on n'oublie pas, parce qu'ils donnent une idée juste et vraie, exprimée de la ma-

nière la plus nette et la plus énergique? Au reste,
toute cette brillante fantaisie des *Apparitions*
n'est qu'une sorte de cadre pour une suite de paysages, tous variés et tous merveilleusement peints.

Il est impossible, je crois, de rendre en français
le charme de ces descriptions à la fois si simples et
si pittoresques, car la concision et la richesse de la
langue russe défient les plus habiles traducteurs.
Traduttore, traditore, disent avec raison les Italiens.
Plus que personne, M. Tourguénef a eu lieu de se
plaindre de ceux qui ont essayé de nous faire connaître ses ouvrages. Un d'eux, à qui d'ailleurs revient le mérite d'avoir le premier publié à Paris les
Récits d'un Chasseur, obligea l'auteur à réclamer
contre maint contre-sens. Par exemple, M. Tourguénef crut devoir nous avertir qu'il ne nourrissait
pas ses chiens avec des *ortolans*, comme son traducteur le donnait à entendre, ayant pris le mot russe
qui signifie *pâtée*, pour le nom d'un oiseau inconnu
en Russie et cher à tous les gourmands. Pourquoi,
dira-t-on, M. Tourguénef, sachant si bien notre
langue, ne revoit-il pas lui-même les épreuves de
ses traducteurs? C'est bien ce qu'il fait, mais savez-
vous ce qui arrive? Il est mécontent d'une expression et demande un changement; il indique à la

marge que l'on fasse attention. Il s'agit d'un mot familier, vulgaire, d'une injure qu'un des personnages du roman de *Fumée* adresse à son ancien camarade : *Harpagon, limace!*... Puis vient un mot russe qui me semble correspondre à *perruque*, qualification que dans ma jeunesse nous donnions volontiers à nos aînés. A ce mot, traduit je ne sais comment, l'auteur avait ajouté *N. B.* pour qu'on eût égard à son observation. Sur quoi on a imprimé : *Harpagon, limace, Nota bene!* Un de mes amis, que la moindre faute d'impression mettait au supplice, se consolait cependant, dès qu'il avait corrigé à l'encre son propre exemplaire. Nous ne pouvons que conseiller à M. Tourguénef d'imiter cet exemple à l'occasion.

Je ne suis pas de ceux qui jugent du mérite d'un ouvrage par le nombre des volumes. Pour moi l'artiste qui a gravé certaines médailles grecques est l'égal de celui qui a sculpté un colosse ; cependant il y a un préjugé, et jusqu'à un certain point je le partage, en faveur des œuvres de longue haleine. Comment ne pas tenir compte à un auteur des difficultés qu'entraîne un travail considérable, de son audace à l'entreprendre, de sa constance à l'exécuter ? Si Homère avait composé sur des sujets différents vingt-quatre petits poëmes égaux chacun à un chant de l'*Iliade*, serait-il toujours le prince des poëtes? Pourtant on est en général très-exigeant pour une composition de médiocre étendue, tandis qu'Horace permet de s'endormir un peu au milieu d'un long ouvrage. Au contraire, il faut que tous les vers d'un sonnet soient excellents... A tout prendre, je crois que le danger d'un sujet trop resserré consiste dans le soin trop minutieux qu'on apporte toujours, peut-être fatalement, à un semblable travail. Involontairement on est entraîné à traiter maint détail de médiocre importance avec trop de recherche, et à racheter par la finesse de l'exécution le manque d'ampleur dans la donnée choisie. On risque alors de ne plus voir la nature que par ses petits côtés, et on manque le but de l'art, comme ces peintres qui, dans leurs tableaux, rendent les accessoires avec tant de perfection, que l'attention du spectateur s'y porte et néglige les figures principales.

J'essayais de montrer, il y a quelque temps [1], comment la richesse admirable de la langue russe était un écueil pour les écrivains qui la manient, et cet écueil, M. Tourguénef ne l'a pas toujours

1. Voir l'étude sur Pouchkine, page 297.

évité. Parfois il se complaît trop dans des descriptions, très-vraies sans doute, mais qui pourraient être abrégées, il aime et il excelle à noter des nuances délicates, et dans ce travail, dont je ne méconnais ni le mérite ni les difficultés, il s'expose à laisser s'allanguir une action intéressante. Des acteurs et de très-grands acteurs ont souvent le défaut de s'occuper trop des mots de leur rôle et pas assez de son caractère général. On appelle cela *marquer des intentions*, je crois, et cela ne manque pas de plaire au public qui apprécie facilement le talent de l'acteur à varier les inflexions de sa voix. En marquant ainsi des intentions, je crains qu'on ne fausse celles de l'auteur et qu'on ne lui attribue des traits auxquels il n'avait pas pensé. Dans les imprécations de Camille, Mlle Rachel donnait un sens ironique au dernier hémistiche de ce vers :

Saper tes fondements *encor mal assurés.*

Elle le soulignait pour ainsi dire par un merveilleux changement d'intonation; mais Corneille l'eût-il approuvée ? Quiconque a entendu les paroles arrachées par la passion a pu remarquer qu'elles sortent rapidement et avec une violence qui ne permet

guère les transitions délicates. Je conçois les imprécations de Camille comme une suite de cris rapidement articulés, et j'oserai le dire, monotones.

Il me semble que les qualités éminentes du talent de M. Tourguénef devraient lui assurer de
grands succès au théâtre. Les erreurs que je me
permets de relever chez le romancier, c'est-à-dire
un peu trop de lenteur dans le développement de
l'intrigue et l'exubérance des détails, disparaî-
traient nécessairement à la scène, où l'auteur ne
peut commenter ni les mouvements ni les discours
de ses personnages. Et en effet les deux ou trois
drames qu'a publiés M. Tourguénef, avec autant
de vie et de naturel que ses romans, ne laissent
point de prise aux critiques que je viens d'indi-
quer. J'ignore si ces ouvrages ont été représentés,
je pencherais à croire qu'ils ont été faits plutôt
pour la lecture que pour la scène ; je dis la scène
de nos jours, qui ne se contente pas du développement des caractères et des passions, comme au
temps de Molière par exemple, mais à qui il faut
du mouvement et une intrigue compliquée.

Au reste, les reproches que j'adressais à M. Tourguénef tombent, je me hâte de le dire, plutôt sur ses
premières productions que sur ses derniers ouvra-

ges. Le charmant roman de *Fumée* a une marche rapide et tout à fait conforme au précepte d'Horace. Là les détails heureusement choisis servent au développement des caractères et préparent les situations dramatiques. Pour faire comprendre Irène, il fallait étudier minutieusement et pour ainsi dire ne perdre ni un de ses gestes ni un de ses regards. C'est une de ces créatures diaboliques dont la coquetterie est d'autant plus dangereuse qu'elle est susceptible de passion ; mais chez elle la passion est un feu follet qui s'éteint subitement après avoir allumé un incendie. Elle aime, — Don Juan aussi était toujours amoureux — mais elle aime à sa manière. L'orgueil, le goût de l'aventure, la curiosité, surtout le besoin de dominer et d'exercer son pouvoir, voilà ce qu'elle prend pour de l'amour. Une fort belle personne, qui fit jadis les délices de la scène, un peu bête et très-franche, disait : « Que je suis malheureuse! Je n'aime pas plutôt quelqu'un que j'en préfère un autre ! » Irène a de l'esprit, elle est grande dame, elle s'indignerait d'être comparée à cette personne, mais la pauvre actrice aimait tout le monde ; au fond, Irène n'aime qu'elle-même. Litvinof, son amant, la connaît bien et n'est pas sa dupe. Il a mesuré le précipice où elle va l'en-

traîner ; il y marche, plein de remords et d'effroi.
Il est fasciné. Cette situation est traitée par l'auteur
avec une vérité poignante.

A côté de Litvinof, est un autre amant malheureux d'Irène, ce qu'en Italie on appelle un
patito. C'est un homme de cœur, plein de bon
sens et d'intelligence, mais dompté par la passion, un Alceste édifié sur le compte de Céli-
mène, sans espoir, sans illusion, et si bien maté
par elle qu'elle le charge de ses commissions auprès de son rival préféré. Ce caractère, mélange
de bonhomie et d'ironie triste, est de l'effet le plus
original ; et qu'on ne dise pas que Potoughine a trop
d'esprit pour le rôle qu'il joue ; il aime Irène, il
n'y a pas d'humiliation qu'il n'accepte pour qu'elle
lui permette de vivre auprès d'elle. Il est payé de
tout ce qu'il a souffert lorsqu'elle daigne lui montrer qu'elle croit à son aveugle dévouement.

J'ai déjà parlé du talent de M. Tourguénef à
donner une individualité aux personnages de son
invention. Après avoir lu *Fumée*, on croit avoir vu
Irène et on la reconnaîtrait dans un salon. Si je
suis bien informé, l'aristocratie de Saint-Pétersbourg a montré une grande indignation, à l'apparition du roman, et a voulu y trouver un portrait

satirique d'autant plus coupable que la ressemblance était plus parfaite. Chaque coterie, il est
vrai, avait son original. Quelle horreur ! disait un
bas-bleu dans un salon de la Perspective Newski,
calomnier ainsi la princesse 'A... ! Plus loin on reprochait à M. Tourguénef d'avoir travesti la com-
tesse B. Ailleurs on s'apitoyait sur la princesse C.,
dénigrée indignement. Des personnes charitables
ont trouvé des modèles d'Irène pour toutes les
lettres de l'alphabet. En réalité, M. Tourguénef
n'a fait ni un portrait ni une satire. Est-ce sa faute si,
prenant ses traits dans la nature, il s'en rencontre
dont on peut reconnaître les originaux? Quoique
personne ne saisisse et ne représente avec plus de
vivacité les travers, les vices, les ridicules de son
époque, on ne peut dire que M. Tourguénef fasse
des satires. Il ne sent pas ce plaisir malicieux qu'ont
certains critiques à surprendre les faiblesses et
les platitudes humaines. Le soin que ces messieurs
mettent à signaler les vilains côtés du monde où
nous vivons, il le porte à rechercher le bien partout
où il se cache. Sans parti pris, sans affecter une phi-
lanthropie banale, il est le défenseur des faibles
et des déshérités. Jusque dans les natures les plus
dégradées, il aime à découvrir quelque trait qui

les relève. Il me rappelle souvent Shakspeare. Il
a son amour de la vérité ; comme le poëte anglais,
il sait créer des figures d'une étonnante réalité ;
mais, malgré l'art avec lequel l'auteur se dissimule
sous les personnages de son invention, on devine
pourtant son caractère, et ce n'est peut-être pas son
moindre titre à notre sympathie.

Mai 1868.

FIN